Flughafen Humberto Delgado
PARQUE DAS NAÇÕES
MARVILA
Jardim Zoológico de Lisboa
Gulbenkian-Museum
Lissabon
BEATO
Parque Eduardo VII
ARROIOS
Museu Nacional do Azulejo
Praça Marquês de Pombal
Kastell von São Jorge
Teatro Nacional D. Maria II.
CAMPO DE OURIQUE
Miradouro da Senhora do Monte
Jardim Botanico
Burghügel
SÃO VICENTE
SÃO BENTO
Miradouro da Graçia
Miradouro de São Pedro de Alcântara
Bahnhof Santa Apolónia
Carmo-Konvent
Miradouro de Santa Luzia
Manteigaria
Arco da Rua Agusta
Livraria Bertrand
Cais das Colunas
ROCHA CONDE DE ÓBIDOS
Santa Justa Lift
Brücke des 25. April
ALMADA
ei-Jesusstatue
1 Praça da Figueira
2 Praça do Comércio

Gebrauchsanweisung für Lissabon

Martin Zinggl

Gebrauchsanweisung für Lissabon

PIPER

Mehr über unsere Autorinnen, Autoren und Bücher:
www.piper.de

Wenn Ihnen dieses Buch gefallen hat, schreiben Sie uns unter Nennung des Titels »Gebrauchsanweisung für Lissabon« an empfehlungen@piper.de, und wir empfehlen Ihnen gern vergleichbare Bücher.

Unser Versprechen für mehr Nachhaltigkeit
• Klimaneutrales Produkt
• FSC®-zertifiziertes Papier
• Hergestellt in Europa

FSC www.fsc.org MIX Papier | Fördert gute Waldnutzung FSC® C083411

ISBN 978-3-492-27784-6
Neuausgabe 2024

Redaktion: Margret Trebbe-Plath, Berlin
Karte und Umgebungsplan: Peter Palm, Berlin
Satz: Fotosatz Amann, Memmingen
Druck und Bindung: CPI books GmbH, Leck
Printed in the EU

Für Philipp & Gregor,
meine Brüder

I tried to leave you.
I don't deny.
I closed the book on us,
at least a hundred times.
(But) I'd wake up every morning,
(right there) by your side.

Leonard Cohen

Es in Lissabon eilig zu haben
ist noch immer eine Sünde.

Maria Isabel Barreno,
»Lissabon durch die Jahrhunderte«

Inhalt

Vorwort

Die Schöne am Tejo. Die Königin des Meeres. Die Perle des Südens. Die weiße Stadt. Die uralte Stadt. Die traurige Stadt. Die Stadt des Lichts. Die Stadt der Seefahrer. Die Stadt der Städte. Die Hauptstadt der Melancholie. Das Tor zur Welt.

Viele Beinamen trägt die portugiesische Metropole. Ebenso viel Literatur findet der Reisende oder Interessierte über Lissabon. Genau genommen: weit über tausend deutschsprachige Bücher. Danke also, dass Sie sich – angesichts dieser überwältigenden Auswahl – für diese Gebrauchsanweisung entschieden haben! Zumal dieses Buch kein Reiseführer ist, keine Hotels und Restaurants empfiehlt, keine Top-10-Sehenswürdigkeiten oder Geheimtipps auflistet. Auch ist es, um es gleich eingangs festzuhalten, keine blindlings verfasste Liebeserklärung an Lissabon. Ich bin kein Bewohner dieser Stadt, zumindest kein dauerhafter, sondern ein Besucher. Bin kein Bewunderer Lissabons, sondern ein ihrem Charme Verfallener, ein Freund. Bin kein hoffnungslos Verlorener, der sich unsterblich in Lissabon verliebt hat und nicht mehr davon loskommt wie von einer Angebeteten. Im Gegenteil. Jedes Mal, wenn ich ins Flugzeug steige und die Metropole verlasse, sagt eine innere Stimme: »Jetzt reicht es, das war das letzte Mal.« Vermutlich wegen der Flut an Reizen, die in Hirn und Herz strömen, die alle fünf Sinne berauschen. Und auch einen sechsten – aber dazu mehr im Buch. Vielleicht liegt es auch nur an dem beklemmenden und unübersichtlichen Flughafen, der mir den Abschied vermiest – auch das soll sich in naher Zukunft ändern.

Jedes Mal entpuppt sich diese Stimme als Lügnerin. Denn immer wieder ruft mich Lissabon zu sich, diese Königin des Meeres, diese Schöne am Tejo, und immer wieder besuche ich sie gern, diese Stadt der Fliesen und der Melancholie. Zweimal habe ich längere Zeit hier gelebt – und wenn es mich irgendwann ein drittes Mal hierherzieht, würde mich das nicht wundern. Dann vielleicht sogar dauerhaft.

Ich möchte ehrlich sein: Seit über zwanzig Jahren führe ich ein ambivalentes Verhältnis mit dieser Stadt. Lange Zeit empfand ich Abneigung, schwor, nie wieder einen Fuß an das Ufer des Tejo zu setzen. Denn ich bin in Lissabon durch meinen emotionalen Tiefpunkt gegangen, habe den verregnetsten Herbst und den kältesten Winter meines Lebens durchgestanden, während ich, von Alkohol und Marihuana benebelt, versuchte, den Liebeskummer zu überwinden, der mir in dieser Stadt widerfahren war. Der Zufall führte mich zurück – und mittlerweile empfinde ich tiefe Zuneigung für Lissabon. Denn ich habe hier mein Herz verloren und meinen Verstand wiedergefunden, durfte einen fröhlichen Frühling und einen grandiosen Sommer lang den Weltschmerz vergessen, Wärme und Nähe der *lisboetas* spüren, die mir gezeigt haben, dass Lissabon nicht umsonst den Beinamen »Stadt des Lichts« trägt.

Wo Licht hinfällt, kann sich Schatten breitmachen. So ist diese Metropole sicher nicht perfekt und strebt dies auch nicht an. Doch sie und ihre Bewohner entzücken gerade deshalb, weil sie manchmal so verschroben und sonderbar sind. Genau darum muss hier nichts schöngeredet werden.

Lange vor Ihrem und meinem Dasein war Lissabon eine Weltstadt – und sie ist auf dem besten Weg, wieder eine zu werden. Kürzlich noch galt sie als das Armenhaus Europas – und diese bittere Vergangenheit spürt jeder Reisende, der genau hinblickt: Die von Zeit und Gischt angefressenen Fassaden verraten es, der abblätternde Schriftzug »LISBOA« am Fährhafen, die zahllosen Löcher und Unebenheiten der Gassen, ebenso manche in gebeugter Haltung in den Straßen umherziehende Gestalten – als wären sie in ihrem Stolz verletzt – oder die abgetragenen Sakkos und Schirmmützen älterer Herren.

Seit einigen Jahren erfindet sich Lissabon neu, ziehen Moderne und Kreativität in die portugiesische Hauptstadt ein, klopfen den jahrzehntealten Staub der Paralyse ab. An vielen Ecken sprießen bereits die ersten Ergebnisse: experimentelle Küche, märchenhafte Designs, verführerisches Nachtleben, epische Kunst- und Kulturszene. Es ist eine Epoche, in der Altes und Neues aufeinandertreffen und eine Atmosphäre schaffen, die nahezu jeden Besucher begeistert, da es der Stadt gelingt, kosmopolitisch und zugleich authentisch zu bleiben.

Ich konnte Lissabons Renaissance miterleben, habe all die Jahre hingeblickt und nun versucht, einige Beobachtungen und Begegnungen zu verschriftlichen. Versprochen: ohne Bauchpinselei, ohne Übertreibung, ohne Superlative – na gut, ein paar Superlative sind vielleicht dabei. Weil Lissabon eben doch nicht ganz ohne auskommt.

Warum Lissabon?

Gründe, warum Lissabon unbedingt einen Besuch wert ist, gibt es etwa genauso viele, wie es Rezepte mit *bacalhau* geben soll, Portugals traditionellem Stockfisch, der Ihnen auf die eine oder andere Art immer wieder begegnen wird – sei es als Gericht auf Ihrem Teller, als geruchsintensives Lebensmittel im Supermarkt oder als sagenumwobenes Kulturgut der Portugiesen. Mit Lissabon verhält es sich ähnlich, jeder und jede mag diese Stadt aus unterschiedlichen Gründen. Weil sie sich dort verliebt, erstmals Freiheit gespürt, ein erfolgreiches Start-up aufgebaut oder weil Lissabons Licht und Wärme sie so freundlich willkommen geheißen haben. Aus welchem persönlichen Motiv auch immer man gerne in dieser Stadt verweilt – es gibt ein paar objektive Gründe:

Welche andere europäische Hauptstadt kennen Sie, die auch im tiefsten Winter angenehme fünfzehn Grad Durchschnittstemperatur bietet?

Die Ihnen 2799 Sonnenstunden pro Jahr schenkt – fast doppelt so viele wie Berlin und immer noch gut tausend Stunden mehr als Wien und Bern?

Die Ihnen fangfrischen Fisch und allerlei Meeresgetier offeriert und Ihnen wunderschöne Strände zu Füßen legt?

Deren jahrtausendealte Geschichte jene von Städten wie Rom, Istanbul oder Paris um Jahrhunderte überbietet?

Die mittelalterliche Bauwerke mit hochmodernen Gebäuden in ihrem Stadtbild vereint, sogar einen eigenen Baustil kreiert hat, die Manuelinik, benannt nach König Manuel I.?

Die leistbar, sicher, sauber und tolerant ist, in der sich Xenophobie und Rechtspopulismus selbst in Zeiten der Intoxikation anderer Teile Europas noch schwertun?

Die mit Fado einen eigenen Musikstil geschaffen hat und über ein charakteristisches Lebensgefühl, ja eine Sinnesempfindung verfügt, die *saudade*, für die es keine angemessene Übersetzung gibt?

Deren Bewohner Sie mit offenen Armen und einer nicht gespielten Herzlichkeit empfangen, obwohl sie eigentlich als schüchtern und introvertiert gelten?

Die ihre Häuser mit Fliesenkunst überzieht, nicht nur, um der Stadt ein buntes Äußeres zu verpassen, sondern um Licht in die verborgensten Winkel zu reflektieren?

Die übersichtlich und klein wirkt wie ein Dorf, aber den Charakter einer Weltstadt hat, mondän ist, die Balance zwischen internationalem Flair und ursprünglichem, lokalem Leben hält?

Die sowohl den Einfluss des afrikanischen als auch des südamerikanischen Kontinents in Europa vereint und Kunst und Kultur der drei Weltregionen in den Alltag integriert? Wobei keine Gegensätze aufeinanderprallen, stattdessen die unterschiedlichen Lebensstile kooperieren und zusammenleben?

Die in einer lagunenartigen Bucht liegt, in der Flamingos durch das Wasser staken?

Die Poesie und Romantik genauso ernst nimmt wie Gastronomie und Lebensqualität, deren Bewohner es schaffen, einen gesunden Ausgleich zwischen Arbeit und Freizeit zu finden – und Sie damit anzustecken?

Die so sehr Eindruck schindet, dass Sie unbedingt zurückkehren wollen, um sie zu besuchen wie einen alten Freund?

Denken Sie in Ruhe nach – Sie werden zu Lissabon keine Alternative finden. Fragen Sie sich lieber, warum Sie diese Stadt bisher nicht besucht haben.

Wäre Lissabon ein Mensch aus Fleisch und Blut, könnte die Stadt nur Leonard Cohen sein. Sie ist elegant, zeitlos und bescheiden wie der Sänger, Schriftsteller und Dichter. Niemand sonst lässt uns so sprachlos zufrieden zurück. Kein anderer versteht es, Schönheit und Wehmut besser in Einklang zu bringen – sei es in gesungener, geschriebener oder gesprochener Form. Lissabon verfolgt ein ähnliches poetisches Prinzip, umhüllt Besucher mit majestätischer Schönheit, zieht sie in einen melancholischen Bann. Etwa akustisch: mit Fado, jener Musikrichtung, die einst in den Hafenvierteln Lissabons geboren wurde. Oder kulinarisch: mit *bacalhau*, dem treuen Freund der Seefahrer, der es ihnen erst ermöglichte, von Lissabon aus die Welt zu erkunden und dabei doch ständig ihrer Heimat nachzutrauern. Oder visuell: mit den wundervollen Prunkbauten, die sich irgendwo zwischen Vintage und Verfall präsentieren und als Erinnerung an Lissabons tragische Geschichte von Erdbeben, Tsunami, Bränden, politischer Unruhe und finanziellen Engpässen das heutige Stadtzentrum prägen.

Flanieren Sie abends Lissabons Uferpromenade entlang. Lassen Sie sich hypnotisieren von der wie gemalt wirkenden Silhouette und den schummrig gelben Lichtern der Stadt, die sich im quecksilberfarbenen Wasser des Tejo spiegeln. Spüren Sie die warme Brise, die vom Atlantik hereinweht – und hören Sie genau hin. Vielleicht wispert Leonard Cohens Raspelstimme ein Gedicht von Fernando Pessoa aus der Ferne: »Mein Bewusstsein von dieser Stadt ist im Innersten mein Bewusstsein von mir selbst.«

Das kann sonst keine Stadt der Welt.

Apropos Leonard Cohen: Dieser erscheint auch in José Saramagos melancholischem Roman »Die Geschichte der Belagerung von Lissabon«. Als Hommage an seine inspirierende Poesie schenkt der Literatur-Nobelpreisträger aus Lissabon dem kanadischen Künstler eine halbe Seite seines Buches, in der Cohen den Protagonisten Raimundo Silva eindringlich mahnt: »Schon möglich, dass ich zurückkehre, doch ich weiß nicht, wann, und vielleicht bist du in dem Augenblick dann nicht mehr zugegen, nutze die Gelegenheit, genieße, genieße.«

Und wenn wir schon von genießenden Weltstars sprechen: Madonna, Monica Bellucci, Scarlett Johansson, Eric Cantona, Michael Fassbender und John Malkovich leben alle in Lissabon. Das kann nun abstoßend auf Sie wirken oder ein Grund mehr sein, die Stadt auf dem Schirm zu haben und zu schätzen, bevor alle anderen es tun. Die genannten Promis haben Lissabons Reiz bereits erkannt, viele davon vor etlichen Jahren.

Nun sind Sie an der Reihe, ihn zu entdecken!

Ankommen

Sie haben den eindrucksvollen Landeanflug über den Atlantik am Fensterplatz miterlebt? Je nach Route sind Sie vielleicht über Lissabons Hausstrände geflogen, von Comporta bis Caparica, über die markant rote Brücke des 25. April, über den Hafen, aber in jedem Fall über die zerstreute Häusermasse. Einen besseren Panoramablick über Lissabon gibt es nicht, auch wenn man fürchtet, mitten in der Stadt zu landen – und das dann auch tatsächlich tut. Sie haben gesehen, wie sich die Windräder der Lüftungskamine auf den rotbraunen Ziegeldächern drehen; wie die Nachmittagssonne ein Glitzern auf die Wellen des Flusses Tejo zaubert; wie Fähren, Frachter und Segelschiffe Kielspuren im jadegrünen Wasser hinter sich herziehen. Sie konnten sogar den Sonnenuntergang über der portugiesischen Metropole genießen? Bravo, schätzen Sie sich glücklich!

Holen Sie Ihr Gepäck, wenn Sie welches haben. Wenn nicht, schätzen Sie sich noch glücklicher: Ihnen bleibt die Wartezeit am Fließband erspart. Außerdem verschulden Sie auch nicht das lästige Rattern, das in aller Ohren vibriert, wenn Sie einen Trolley durch Lissabons Straßen schleifen. Sollten Sie doch ein Gepäckstück mit Rollen mitführen, bemitleide ich Sie schon jetzt: Das Kopfsteinpflaster und die steil bergauf und bergab führenden Gassen der Stadt werden Ihnen keine Freude bereiten.

Gehen Sie durch den Flughafen hinab zur Metro, dieser Untergrundkonstruktion, von der Lissabon bereits 1888 träumte. Für portugiesische Verhältnisse typisch ist, dass es manchmal dauert, bis Dinge wirklich in Bewegung kommen oder gar umgesetzt werden. Bei der Metro waren es exakt 71 Jahre: 1959 rollte die erste Untergrundbahn über die Gleise. Seitdem wird das Schienennetz ständig erweitert, aber wie lange der Ausbau noch dauert, wann und ob er je abgeschlossen sein wird, kann niemand genau sagen. Und selbst wenn es die *lisboetas* nervt, können sie mit Großbaustellen umgehen. Bevor das Expo-Gelände 1998 eröffnete, hatte es sieben Jahre Bauzeit in Anspruch genommen. 2016 machte das MAAT, Museu de Arte, Arquitetura e Tecnologia, Schlagzeilen: Nachdem es drei Jahre und zwanzig Millionen Euro verschlungen hatte, fand die Eröffnung zwar im großen Rahmen statt, allerdings nur provisorisch. Da sich einige der rund 17 000 Kacheln von den Wänden lösten, musste die Schlamperei an der Fassade ausgebessert werden. Ein halbes Jahr später war Lissabons modernstes Gebäude in Form eines gestrandeten Rochens fertiggestellt und lockt seitdem jährlich bis zu 375 000 Kunstliebhaber aus aller Welt an das Tejoufer. Der seit 2008 geplante und ursprünglich zur Eröffnung 2017 vorgesehene Novo Aeroporto de Lisboa ist im Vergleich zur Metro demnach harmlos verspätet. Aufgrund fehlender Finanzmittel wurde der Zusatzflughafen auf unbestimmte Zeit verschoben. Politiker sprechen optimistisch von einer Inbetriebnahme in den kommenden Jahren. Tierschützer freuen sich über die Verzögerung, versuchen sie doch das Projekt zu verhindern, da die Einflugschneise das Mündungsgebiet des Tejo überqueren soll, ein Marschland, in dem Tausende Flamingos temporär leben und Hunderttausende

Zugvögel haltmachen. Dennoch: Der Flughafen ist beschlossene Sache, auch wenn der Ausbau des derzeitigen Militärflughafens, auf dem der Novo Aeroporto entstehen soll, noch nicht begonnen hat. Wie wir wissen, ist das nicht Europas einziger Hauptstadtflughafen, der zeitlich hinterherhinkt. In Sachen Langsamkeit bei umstrittenen Bauvorhaben spielen sich Berlin und Lissabon gegenseitig den Ball zu. Irgendwann in den kommenden 71 Jahren wird der neue *aeroporto* schon eröffnen. Bis dahin bleibt der aktuelle Flughafen Humberto Delgado, mehrfach zum schlechtesten Flughafen der Welt gekürt, zwar hoffnungslos überlastet, aber dafür gibt es ja eine verlässliche Metro, in deren Wartebereichen ruhige Popmusik gespielt wird. *Pois é!* Was soll's!

Als ich zuletzt in Lissabon lebte, umgab die Ticketschalter in der Metro gähnende Leere. Mittlerweile lotsen Platzanweiser die Schlange von potenziellen Käufern an die Maschinen. Haben Sie den Unterschied zwischen den verschiedenen Fahrscheinen verstanden und den richtigen erstehen können? Gratuliere, ich habe dafür Monate gebraucht. Dann zwängen Sie sich und Ihr Gepäckstück durch die engen Zugangsschranken. Bleiben Sie stecken, schwitzen Sie, fluchen Sie, das gehört dazu. *Pois é!* So ist das!

Steigen Sie ein in die rote Linie, die *Linha do Oriente*, und freuen Sie sich darüber, dass Lissabons U-Bahnen nicht nur Farben, sondern auch wundervolle Namen tragen wie *Gaivota*, Möwe, *Girassol*, Sonnenblume, *Caravela*, Karavelle, ein Segelschifftyp, oder eben *Oriente*, Orient – und von den dazu passenden Symbolbildern geziert werden. Vorsicht übrigens beim Ein- und Aussteigen. Falls Sie größer als 1,80 Meter sind: Kopf einziehen! Die metallenen Haltegriffe, die von der Decke hängen, geben nur mit Gewalt nach. Für die *lisboetas* kein Problem, gelten die Portugiesen doch als kleinste Nation Europas.

Und keine Sorge: Je näher Sie dem Zentrum kommen, umso freundlicher und kunstvoller gestaltet präsentieren sich auch die Metrostationen, vor allem die älteren. Neunzehn Bahnhöfe hat die portugiesische Malerin Maria Keil mit *azulejos* verfliest, den stadtbekannten Kacheln – und mit ihren Kunstwerken in den 1950er-Jahren den Grundstein für eine Renaissance dieser damals in Vergessenheit geratenen Tradition Portugals gelegt. Mittlerweile reißen sich Kunstliebhaber, Diebe und Polizei gleichermaßen um die mitunter sehr wertvollen Fliesen, die Lissabon vermehrt abhandenkommen.

Drängen Sie durch die Stationen – insbesondere die Knotenpunkte, an denen sich zwei Metrolinien oder mehrere Verkehrsmittel kreuzen, wie Alameda oder São Sebastião. Stationen, die sich mit ihrer liebevollen Gestaltung bunter Kachelwände und Malereien als Schauräume nationaler Kunst eignen, nicht allerdings für Begegnungen Hunderter Passagiere, die in entgegengesetzte Richtungen reisen wollen – vor allem zur Stoßzeit. Also, drängen Sie, und werden Sie bedrängt, am besten noch immer mit sperrigem Gepäck, da freuen sich Ihre Mitmenschen besonders, auch oder gerade jene, die – den vielen Hinweisen zum Trotz – in eine einfahrende Metro einsteigen, noch bevor Sie aussteigen können. Aber sorgen Sie sich nicht um Taschendiebe – die stibitzen alle in Barcelona. Und für den unwahrscheinlichen Fall, dass Ihnen doch etwas abhandenkommt, besuchen Sie Lissabons legendären Diebesmarkt, den *feira da ladra*, und stöbern dort nach Ihrem gestohlenen Gut. Unter all dem Ramsch und Kitsch werden Sie wahrscheinlich wiederfinden, was Sie suchen.

Wenn Ihnen das alles zu aufreibend klingt, nehmen Sie vielleicht doch lieber ein Taxi vom Flughafen, einen Mietwagen oder den Aerobus. Oder reisen Sie mit Stil an, so wie Gentleman Jeremy Irons in der gleichnamigen Verfilmung des Buches »Nachtzug nach Lissabon«. Dann erreichen Sie, wie genannter Schauspieler, den Fernbahnhof Santa Apolónia mit dem Zug. In aller Gemächlichkeit, passend zur Stadt.

Sie müssen ja nicht über Nacht gefahren sein und auch nicht aus Bern kommen wie Pascal Merciers Romanheld.

Egal, wie Sie in Lissabon eintreffen: Hauptsache, Sie steigen im Zentrum aus. Und vergessen Sie vorerst Ihre Unterkunft und etwaige Termine. Weder die Sehenswürdigkeiten der Stadt noch ihre Köstlichkeiten wie *bacalhau* oder *pastéis de nata* laufen Ihnen davon. Fahren Sie direkt nach Ihrer Ankunft zum Praça do Comércio, einst einer der größten Plätze der Welt, immer noch einer der prächtigsten. Die nächstgelegene Metrostation dafür heißt Terreiro do Paço. Steigen Sie dort aus, gehen Sie die Treppen hoch, überqueren Sie den majestätischen Platz, der an drei Seiten von gleichen Fassaden umschlossen wird und an der vierten, nach Süden gerichteten Seite zum Tejo hin offen liegt. »Selbst den anspruchsvollen Reisenden wird der Anblick dieses Platzes überraschen«, schreibt Lissabons bekanntester Dichter, Fernando Pessoa, in seinem Werk »Mein Lissabon«. Stolpern Sie über unebene Pflastersteine im Boden, aber fallen Sie nicht hin! Und falls doch, stehen Sie wieder auf und lachen darüber. Das gehört dazu. Jeder stolpert mal in Lissabon, genauso die *lisboetas. Pois é!?* Also, was soll's!?

Lassen Sie sich unterwegs von einem dubios aussehenden Mann, der billige Fälschungen von Markensonnenbrillen verkauft, ansprechen, ob Sie Haschisch, Marihuana oder Kokain brauchen. Kaufen Sie nichts davon, auch wenn Sie es reizvoll finden – sogar die Lissabonner Polizei warnt mittlerweile mit Plakaten vor diesen Schwindlern. Es sei denn, Sie wollen für sündteures Geld Marzipan, Mehl oder Lorbeerblätter kaufen, die sich höchstens zum Kochen eignen.

Gehen Sie bis zum Kaiufer, dem Cais das Colunas, wo voller Eleganz zwei Säulen aus dem Wasser ragen, auf denen gern Möwen stehen und auf Gott weiß was warten, vermutlich auf eine Mahlzeit. Sie repräsentieren Weisheit und Andacht – die Säulen, nicht die Möwen –, wurden nach dem großen Erdbeben 1755 errichtet und sollen Replikas der Säulen des Salomonischen Tempels von Jerusalem sein. Diesen mit Sicherheit nobelsten Ein- und Ausgang Lissabons, das Tor von und nach Europa, nutzten einst viele historische Figuren. Etwa Königin Elizabeth II., als sie vor über sechzig Jahren der Stadt per Schiff einen Besuch abstattete – und Lissabon über ebendiesen Kai aus Marmor durch die beiden Säulen hindurch betrat. Oder der konservative und autoritäre Ex-Präsident Portugals, General Óscar Carmona, Vorgänger und rechte Hand von Langzeitdiktator António de Oliveira Salazar – zwei kontroverse, aber wichtige Lissabonner Namen, waren sie doch die Gehirne und Gründer des faschistisch geführten Estado Novo.

Vom Cais das Colunas aus unternahm General Carmona 1938 und erneut 1939 als erstes Staatsoberhaupt Portugals Reisen in die afrikanischen Kolonien São Tomé und Príncipe, Kapverden, Angola und Mosambik. Am Kai wurde er feierlich verabschiedet und empfangen – und diese historischen Besuche wurden für die Nachwelt in den Säulen verewigt, deren Gravuren heute noch zu lesen sind. Für die wenigen der über 500 000 Einwohner, die davon wissen, sind diese imperialistischen Inschriften ein Schandfleck der Stadt in diesem sonst sehr friedlichen Ambiente.

Und vielleicht nicht unmittelbar von ebendiesem Kai aus, aber sehr wohl von Lissabon machten sich zwischen Juni 1940 und Dezember 1941 Tausende Migranten mit dem Schiff auf den Weg in eine neue Welt. In den Wirren des Zweiten Weltkriegs kehrten sie Europa gezwungenermaßen den Rücken, in der Hoffnung, dass der Atlantik sie von den Barbareien Hitlers trennen würde. Portugal, das den Krieg zunächst nur aus den Schlagzeilen der Zeitungen kannte, verhielt sich unter Diktator Salazar zwar neutral, sympathisierte jedoch mit Hitler und Mussolini. Ein Erlass Salazars, aus Deutschland fliehenden Juden nicht zu helfen, wurde dank einiger stiller

Helden inner- und außerhalb Lissabons umgangen. Sie gewährten Flüchtlingen eine Zeit lang einen sicheren Korridor durch ihr Land, ermöglichten ihnen die Reise nach Amerika von Europas einzigem freien Hafen aus, jenem letzten Ort der Hoffnung.

Einst die wichtigste Handelsstadt der Welt, erlangte Lissabon in den Kriegsjahren somit erneut Weltruhm. Diesmal als »Wartezimmer« für die im Transit lebenden Männer und Frauen, die sich ein Katz-und-Maus-Spiel mit den Nazi-Spionen lieferten, welche in der Stadt gezielt nach Dissidenten und Geflüchteten Ausschau hielten. Antoine de Saint-Exupéry, Salvador Dalí, Peggy Guggenheim, Hannah Arendt, Max Ernst und Jean Renoir waren nur einige der Persönlichkeiten, die auf ihrem Weg ins Exil in Lissabon haltmachten, in den vielen Cafés der Stadt ausharrten, abends Zeitungspapier auslegten und auf den Böden schliefen. Die Lichter der Stadt am Tejo waren das Letzte, was sie vom kriegsverdunkelten Europa zu sehen bekamen.

Kehren wir aus der Geschichte zurück in die Gegenwart, zurück zu Ihnen. Atmen Sie tief ein und wieder aus. Dreimal. Sie haben es geschafft! Sie sind am Ziel angekommen!

Und jetzt: Realisieren Sie, wo Sie sind.

Riechen Sie den Fisch, um den sich die Möwen zanken. Schmecken Sie die salzige Luft. Vor Ihnen fließt der Tejo, der nach tausend Kilometern quer durch die iberische Halbinsel kurz hinter Lissabon in den Atlantik mündet. Beobachten Sie das Spektakel, das sich vor Ihren Augen abspielt, wenn Segelschiffe, Fähren, Kreuzfahrtriesen und Frachter einander Platz machen und wegnehmen – während kleine Fischerboote und Kajakfahrer versuchen, sich durchzuschlängeln.

Sie befinden sich in der westlichsten Hauptstadt des europäischen Festlandes. Hier, wo Ihre Schritte enden, beginnen Wellen ihren Lauf um die halbe Welt. Richtung Sonnenuntergang gibt es ziemlich lange nichts außer Wasser. Aber nicht nur das: Sie sind nicht einfach irgendwo an Europas Rand, zwei Meter über dem Meeresspiegel, dem Ende der Welt, wie es die Seefahrer einst tauften, die von Lissabon ihre Eroberungs-, Handels- und Erkundungsfahrten starteten. Sie sind nun Zeitzeuge einer Stadt, die sich rasant verändert. Die bei Ihrem nächsten Besuch, vielleicht schon im Folgejahr, eine völlig andere sein wird – Großprojekte wie Metro oder Flughafen einmal ausgenommen: noch lebendiger, lauter, lustiger.

Das passiert doch mit allen Städten dieser Welt, meinen Sie? Mag sein, aber nicht in diesem Tempo. Lissabons Entwicklung verläuft steil bergauf. Keine europäische Hauptstadt verändert sich so schnell wie diese, kaum eine Metropole hat in den vergangenen Jahren einen größeren Besucherandrang erlebt. Diese beiden Faktoren hängen natürlich zusammen. Denn Lissabon hat Hunger nach Moderne und nach 48-jährigem Dornröschenschlaf – bedingt durch Europas längste rechtsgerichtete Diktatur – großen Nachholbedarf nach all den Errungenschaften, die in anderen europäischen Hauptstädten längst zum Alltag gehören: von einem funktionierenden Flughafen und einem barrierefreien Zugang der Stadt für Rollstuhlfahrer über vegane Hipsterbars, Bioläden und Yogastudios bis hin zu einer lückenlosen Versorgung mit Strom und Wasser für die Bewohner.

Darum: Nehmen Sie Kenntnis von dieser Stadt! Saugen Sie alles auf. Nutzen Sie Ihre Sinne. Ziehen Sie Schuhe und Socken aus, um an Ihren Fußsohlen den aufgeheizten Steinboden des Kaiufers zu spüren, der von Wind, Meersalz und Zeit angefressen wurde und sich anfühlt wie versteinerter Emmentaler. Blicken Sie nach rechts zu Jesus, der schützend seine Arme über Lissabon ausbreitet, und zur Brücke des 25. April, die beide Tejoufer miteinander verbindet. Blinzeln Sie in die Nachmittagssonne, die ein pastellfarbenes Licht auf die Häuser wirft. Blicken Sie nach links zu den ankommenden und ablegenden Fähren, die auf die andere Seite des Flusses übersetzen. Hören Sie die Nebelhörner, die Kirchenglocken, die Wellen, wie sie sanft an den Kai schwappen. Schauen Sie sich um: Ist der Mann noch immer da, der täglich aufs Neue Sandburgen und -figuren baut? Jonas Cardoso Neguinho ist sein Name. Sagen Sie ihm *Bom dia* – oder *Boa tarde*, falls sich die Sonne bereits senkt und die letzten Strahlen Ihre Haut wärmen. Schütteln Sie Jonas' Hände, spüren Sie die Schwielen, die er vom täglichen Bau seiner Sandskulpturen hat, deren größter Feind die Gezeiten sind – und randalierende Jugendbanden, die seine Kunst über Nacht mutwillig zerstören. Lassen Sie sich von ihm erzählen, wie willkommen er sich als brasilianischer Migrant in der portugiesischen Hauptstadt fühlt. Nutzen Sie die Chance – bei Ihrem nächsten Besuch ist er vielleicht nicht mehr hier. *Pois é!* So ist das.

Und wenn Sie nun dastehen, verschwitzt, gereizt, hungrig, ausgetrocknet, mitteleuropäisch: Schnaufen Sie trotzdem durch, lassen Sie los. Diese Stadt wird sich gut um Sie kümmern und Sie verwöhnen – versprochen! Solange Sie ihr unvoreingenommen und offen begegnen, kann gar nichts schiefgehen.

Sie sind nun in Lissabon. *Bem-vindo*, willkommen!

Gute Küche, schlechter Service

Das erste Aufeinandertreffen mit dem Kellner im Santa Rita ist ein wortloses. Schweigend räumt er den Tisch ab, bedeckt ihn mit einem Papiertischtuch so sorgfältig, als würde er ein Kind wickeln, stellt einen Brotkorb, Butter und eingelegte Oliven ab. Wahrscheinlich lächelt er Sie herzlich an.

Dann passiert lange nichts.

Wenn Sie glauben, Sie könnten vorschnell agieren und bei dieser Gelegenheit gleich Ihre Bestellung aufgeben, da Sie – organisiert, wie Sie sind – bereits die Menükarte vorab studiert und ausgewählt haben, was Sie essen möchten: Vergessen Sie es gleich wieder. Der Kellner hört sich Ihre Wünsche an, wenn er dazu bereit ist, nicht, wenn Sie es sind. Irgendwann, wenn Sie nach langem Warten denken, Teil der Einrichtung zu werden, baut er sich vor Ihnen auf, zückt seinen Notizblock und freut sich darauf, Ihre Bestellung aufzunehmen, vielleicht sogar noch mehr als Sie: als ob er ein altes Ritual zelebrieren würde.

Wenn Sie Glück haben, nimmt er auf, was Sie wollen. Vielleicht sagt er Ihnen aber, was Sie essen werden. Einmal erlebte ich, wie ein britisches Ehepaar nach Hamburgern fragte. Der Kellner, es war José, fing an, wild mit den Armen zu fuchteln, und rief: »Hamburger? *Estamos em Portugal.* Wir sind in Portugal. Sie essen hier sicher keine Hamburger! Sie essen heute Dorade.« Und damit war die Bestellung abgeschlossen, José wieder fort, die Gäste erstaunt – und zu Recht beschämt.

Mit Sicherheit wird Ihnen José oder sein Kollege Clemente einreden, den Hauswein zu trinken, am besten gleich einen mittelgroßen Krug. Widersetzen Sie sich nicht, lassen Sie es einfach geschehen. Leicht angeschickert lässt sich die Stadt genauso gut erkunden.

Restaurants, Fressbuden und *churrascarias*, Grillläden, gibt es in Lissabon wie Sand am Meer. Und wie die Strände sich durch die Gezeiten verändern, so wandelt sich die Gastronomieszene dieser Stadt in regelmäßigen Abständen. Zwar nicht im selben Rhythmus, aber ähnlich im Ergebnis: Nichts ist mehr, wie es vorher war. Die *tasca* ums Eck, Lissabons urtypische Ess- und Trinktaverne, die vor einem Jahr noch gut lief, musste weichen: einer Fast-Food-Kette, einem Investor, der ein überteuertes Café plant, das sich auf selbst gerösteten Bio-Fair-Trade-Kaffee spezialisiert, oder einem anderen hippen Genusstempel. Wo vor Kurzem noch eine Straße abrissreifer Hausruinen stand, protzen nun Szenelokale, Lounges und Bars im Parterre. Bereits existierende Betriebe laufen so gut, dass sie ausbauen, anbauen, umbauen oder sich gar zu einer Kette ausweiten.

Lissabon expandiert rasend schnell. Alfama, Bairro Alto, Chiado und Cais do Sodré, die die längste Zeit als coole Viertel galten, ziehen zwar noch immer die Massen an, treten aber mehr und mehr in den Hintergrund. Die Hipsterfizierung geht munter weiter, sucht und findet alte Orte mit leer stehenden Fabrikgebäuden und Lagerhallen, um ihnen neuen Glanz einzuhauchen. In den vergangenen Jahren wurde es um die LX Factory in Alcântara sehr laut, ebenso um das *bairro* Príncipe Real. Derzeit mausern sich Beato und Marvila zu den neuen In-Vierteln der Stadt, mit Coworking-Arbeitsplätzen, Kunstevents, Start-ups, Geschäften voll recycelbarer Stoffe oder Vintage-Schmuck, Bartpflegeläden und Restaurants mit veganer Bioküche.

Wohin also gehen, um gut zu essen? TripAdvisor und Lonely Planet vertrauen? Den Empfehlungen der *lisboetas* folgen? Die Gourmetklassiker wie Ramiro oder José Avillez aufsuchen? Mit der Fähre rüber nach Cacilhas zu O Farol?

Ganz ehrlich: Eigentlich ist es egal!

Selten, aber doch höre ich von Besuchern, dass sie schlecht gegessen hätten in Lissabon. Mir ist das unerklärlich. Selbst die Touristenfallen im Stadtzentrum, deren Kellner mit ausgebreiteten Speisekarten und falschem Lächeln Passanten ins Lokal locken, bieten – wenn auch völlig überteuert und nicht gerade mit Liebe zubereitet – immer noch annehmbare Küche, die schmeckt. Keine Gourmetwunder, aber ordentliche Kost.

Lissabon ist ein Paradies für *foodies*, also für Liebhaber von Speisen und Getränken – und hat sich in den vergangenen zwanzig Jahren diesen Titel wahrlich verdient. Allen voran durch Michelin-Sternekoch José Avillez, wenngleich dieser nur die Spitze von Lissabons kulinarischem Eisberg ziert. Mittlerweile gibt es in der Metropolregion acht verschiedene Restaurants mit Michelin-Stern, einige davon tragen sogar zwei.

Olivenöl, Salz, Pfeffer und Knoblauch galten in Portugal die längste Zeit als Standard-Ingredienzen zum Würzen von Speisen. Einfach und traditionell, so wie Diktator Salazar das wollte, um seine Schäfchen nicht auf kulinarische Gedanken zu bringen und zum Aufbegehren zu verleiten. Zwar ist so manches Gericht historisch bedingt französisch, spanisch oder arabisch angehaucht, von den Kochkünsten seiner vielen Kolonien haben sich die Portugiesen allerdings nie wirklich inspirieren lassen. Bis zur Expo 1998, als die Welt in Lissabon zu Gast war. Seitdem hat sich in den heimischen Küchen etwas Neues entwickelt, auch mit ausländischen Zutaten und Techniken. Seitdem kommt es laufend zu Fusionen und eröffnen neue Restaurants. Zahllose Restaurants. Mittlerweile kann man in Lissabon genauso gut essen wie in New York, Lima, London oder Paris – nicht nur in erstklassigen, alteingesessenen *tascas* und Lokalen, die traditionelle Gerichte servieren, sondern ebenso in modernen Kochstuben, die man noch vor fünfzehn Jahren vergeblich gesucht hätte.

Also, vertrauen Sie Ihrem Instinkt, und betreten Sie Restaurants, die Ihnen auf den ersten Blick nicht ins Auge springen. Auf die Art entdeckte ich vor einigen Jahren das Santa Rita, ein Bilderbuchbeispiel portugiesischer Gastronomie: gute Küche, schlechter Service. Unscheinbar von außen, unspektakulär von innen. Fernab von Michelin und Co. Einst eine Hufschmiede, später eine Zementfabrik, heute ein Raum mit siebzig Sitzplätzen, auf denen mittags wie abends die Gäste Platz nehmen: Bauarbeiter neben Galeristen, Anwälte neben Fotografen, Beamte neben Polizisten, *lisboetas* neben ausländischen Besuchern. Reichen die Tische nicht aus, zaubern die Kellner von irgendwo Holzplanken her und schaffen zwanzig weitere Plätze, indem sie die Tische zu Tafeln verlängern. Die steinernen Arkadenbögen am Gewölbe haben etwas Altertümliches. Dem gegenüber stehen die Zeichen der Moderne: elektrisches Licht, das in wagenradförmigen Lüstern den hohen Raum erhellt. Das Restaurant ist schlicht und zugleich altmodisch.

Seinen Namen verdankt das Santa Rita einer italienischen Nonne, die zugleich Schutzpatronin der Metzger und jene Heilige ist, zu der die Menschen in aussichtslosen Fällen beten. Rita zu Ehren prunkt eine Statue mitten auf der Theke.

Denn eine ihrer größten Verehrerinnen war Conçeicão Pinto, die als *dona*, also als Restaurantgründerin, bis vor wenigen Jahren selbst hinter der Bar wankte, bevor sie zu ihrer Angebeteten in den Himmel aufstieg – oder, wie man in Lissabon sagt: *Ela fui com os porcos* – Sie ging mit den Schweinen. Sie »wankte« nicht etwa, weil die Besitzerin selbst ihre beste Kundin gewesen und dem Hauswein verfallen war, sondern weil sie ihren kreisrunden Leib bei jedem Schritt im Wiegegang mit sich schleppte, eingepackt in eine weiße Kittelschürze. Ihr Haar versteckte sie unter einer Kochhaube, ihre Beine waren mit Wasser gefüllt und in schwarze Wollstrümpfe gepackt, aber ihre Laune glich der eines heiteren Schulmädchens. Warum auch nicht? Die Bude war stets rammelvoll. Und ist es noch immer, weshalb es sehr laut werden kann: Gespräche, Stühlerücken, Geschirrklappern, Gläserklirren – die Musik der Gastronomie. Dafür bleiben die Gäste mit Liedern aus dem Lautsprecher verschont. Seit Conçeicão Pintos Abgang erinnern einige Fotos an den sonst kahlen Wänden an die Verstorbene, die gute Seele des Lokals.

An ihrer Stelle steht heute die weitaus agilere Schwiegertochter, Teresa Jesus, und wacht über die Kellner im Santa Rita, die bedienen, wann es ihnen beliebt und wenn es ihre Zeit erlaubt. Sie machen das nicht aus böswilliger Absicht, ihr Rhythmus und ihr Tempo sind einfach andere, flexiblere. *Lisboetas* müssen die Herausforderungen in ihren Leben, egal welche, nicht im Eiltempo erledigen und umgehend ein Resultat sehen. Das wäre völlig unportugiesisch – und gerade diese Eigenschaft macht die Menschen so sympathisch.

Etwa die beiden Kellner José und Clemente, die zusammen 121 Jahre zählen. Für sie gilt es die vorwiegend portugiesischen Gäste, die mit der Dehnbarkeit des Zeitbegriffes bestens vertraut sind und diese ebenso zelebrieren, zu unterhalten. Das gehört zum Spiel. Es sind nur Besucher aus dem Ausland, die sich an der hiesigen Zeitmessung stoßen. Gehen Sie daher niemals hungrig essen – oder bringen Sie zusätzlich zum Hunger am besten eine Portion Geduld mit. Und wenn

Sie allein speisen, vielleicht auch ein Buch. Hilft das nichts, können Sie immer noch die Heilige Rita anbeten, ein zeitliches Wunder zu vollbringen. Dafür ist sie ja da.

Vielleicht schwatzen Ihnen die Kellner *feijoada de marisco* auf, einen Bohneneintopf mit Meeresfrüchten, *bacalhau à lagareiro*, in Olivenöl getränkten Stockfisch, oder *bacalhau espiritiual*, den »spirituellen« Stockfisch, eine Spezialität des Hauses, deren Ursprung in der französischen Küche liegt. Wehren Sie sich nicht gegen diese Empfehlungen – alles ist vorzüglich, Sie können also nichts falsch machen. Egal, wie oft ich bereits im Santa Rita war, ich entdecke jedes Mal aufs Neue ein Gericht, das ich noch nicht probiert habe. Dabei dachte ich, die Karte bereits in- und auswendig zu kennen. Am sympathischsten finde ich jene Speisen, die nicht nur gut schmecken, sondern auch gut klingen wie *lulas deliciosas*, die »köstlichen Tintenfische«, oder *sonhos de camarão*, die »traumhaften Garnelen«. Letztere sind übrigens ein portugiesisch-chinesisch fusioniertes Gericht.

Ist die Bestellung, egal welche, einmal durch, geht es gleich zur Sache. Die Köche im Santa Rita arbeiten wesentlich flinker als ihre Kollegen im Service, sind ihnen allerdings numerisch auch weit überlegen, da vorwiegend nur die beiden genannten Kellner arbeiten. José und Clemente sind fleißig, dennoch haben sie, ihrem Alter entsprechend, ein paar Gänge zurückgeschaltet. Das zeigt sich dann, wenn das fertige Gericht auf der Theke vor sich hin dampft, bereit, dem Gast serviert zu werden – während der Kellner allerdings indisponiert ist. Kommen Sie keinesfalls auf die Idee, aufzustehen und den Teller selbst zu holen, auch wenn das verlockend ist, da Ihnen der Magen knurrt! Ihr Essen kommt, wenn der Kellner dazu bereit ist, nicht, wenn Sie es sind.

Vielleicht ist es dann sogar das Gericht, das Sie oder er bestellt haben. Vielleicht ist es aber auch etwas ganz anderes. Wenn Sie Glück haben, erhalten Sie eine Portion mehr, wenn

Sie Pech haben, einen Teller weniger. Nehmen Sie es, wie es kommt. Ausgezeichnet wird es in jedem Fall schmecken.

Wenn Sie aufgegessen haben, Kaffee und Dessert in Ihrem Magen arbeiten und Sie eigentlich nur noch auf die Rechnung warten, wird Ihre Geduld noch einmal so richtig auf die Probe gestellt. Sie können diesen Prozess auch nicht abkürzen, indem Sie dem Kellner winken, dreimal »*A continha, por favor!*, Die Rechnung, bitte!« rufen, böse zum Personal schauen oder an die Bar gehen, um dort das Geld auf den Tresen zu legen. Sie bezahlen, mittlerweile wissen Sie es bereits, wenn der Kellner dazu bereit ist – und wieder: Er macht das nicht, um Sie zu ärgern, sondern weil er die einfache Formel befolgt, die scheinbar alles entschuldigt – selbst den nicht suchenden Blickkontakt: *Estamos em Portugal.*

Dafür kann es noch einmal umso unterhaltsamer werden: Einer der beiden kommt, kritzelt irgendwelche Beträge auf das benutzte Einwegtischtuch, nennt die errechnete Summe mit einem freundlichen Lächeln im Gesicht, nimmt Ihr Geld entgegen und verschwindet damit. Später kehrt er verwirrt zurück, murmelt etwas vor sich hin, während er in seinem Notizblock stöbert und das Gekritzelte auf dem Tisch ausbessert, bis die Summe eine andere ist. Wahrscheinlich zu seinen Gunsten – das suggeriert zumindest sein Lächeln, das nun ein erhabenes, aber freundliches ist. Zahlen müssen Sie dennoch, auch hier bleibt Ihnen keine Wahl.

Tram

Sie sind sonnengelb, urig und alt, beinahe antik. Und sie sind äußerst beliebt – vor allem die Linie 28E. Die *elétricos*, Lissabons Straßenbahnen, geben den gemächlichen Rhythmus der Stadt vor: ruckeln, bisschen Gas, abbremsen, ruckeln, Gas, bremsen. So geht es dahin, Tag für Tag, Jahr für Jahr. Egal, wie viel Einfluss von außen kommt, das Tempo verändert sich nicht. Lissabon bleibt Lissabon, komme, was wolle: Mehr Autos, mehr Besucher, mehr Elektroroller, mehr Geld, mehr Fortschritt – die Eisenräder der *elétrico* kreischen seit dem Ende des 19. Jahrhunderts gemütlich durch die Stadt, ziehen weiterhin ihre gelbe Spur.

Warum gerade die Linie 28E so beliebt ist? Eine Fahrt mit ihr ist wie ein Spaziergang bei offenem Fenster durch die charmantesten Viertel der Stadt. Ein Museum auf Rädern, aber eines, das Massen anzieht. Auf dem Trittbrett des hinteren Ausstieges reisen die obligatorischen Schwarzfahrer mit, zumeist Kinder und Jugendliche oder Migranten, die sich den Fußweg und das Ticket sparen wollen. Der Waggonführer sieht sie in den konvexen Spiegeln – und duldet sie. Zu sehr ist er damit beschäftigt, ruckartig die Bremse zu lösen, die Hand immer auf der Kurbel.

Während sich die *elétrico* die Hügel hochschleppt, an Hausmauern vorbeiquetscht und dann – Fenster an Fenster – abrupt zum Halt kommt, zieht draußen das lokale Leben vorbei. Die 28E gewährt den Fahrgästen intime Einblicke in die Küchen, Wohn- und Schlafzimmer der Bewohner. Für manch forschen Besucher eine Gelegenheit für einen Schnappschuss, als würde er ein Schaustück im Zoo ablichten – für die *lisboetas* ein Eingriff in ihre Privatsphäre. Doch wenn aus der knackevollen 28E zwei Dutzend Kameras dieselbe Großmutter am Herd ablichten, die vergrämt aus ihrer Küche blickt, lautet die Frage vielmehr: Ist sie die Betrachtete oder die Betrachterin?

Nervenstärke entlang der Route müssen aber nicht nur die Bewohner beweisen, sondern vor allem die Fahrer, die Hüter der Bremsen. Neben den genervten *lisboetas,* überschwänglichen Touristen und gut getarnten Taschendieben, die gezielt in der 28E zugreifen, ist es die Strecke, die als Herausforderung gemeistert werden muss. Die engen Gassen sind oftmals knapp zugeparkt, manchmal stellt jemand mitten auf den Schienen dreist sein Fahrzeug ab, um »schnell« etwas zu erledigen: einen Einkauf, einen Tratsch oder – ganz frech – um einen *bica* zu schlürfen. Dann zieht der Fahrer an einem Strick über seinem Kopf, sodass die Warnglocke über der Windschutzscheibe bimmelt und der Übeltäter seinen Kaffee runterschütten muss, damit sich das Gewusel auflöst.

Die 28E ist die einzig durchgehende Verbindung zwischen dem Westen und Osten der Stadt. Lissabons Busse können die oftmals wenige Meter schmalen Gassen nicht durchfahren. Daher sind die *lisboetas*, die dieses Urgestein als öffentliches Verkehrsmittel nutzen, auf das ruckelnde Monstrum angewiesen. Um die steilen Anstiege der Burgviertel im Osten und die Hügel von Chiado, São Bento und Campo de Ourique im Westen zu bewältigen, stehen sie – aufgrund des großen Andranges – bis zu zwei Stunden in den Warteschlangen.

Die Stadt hat versucht, darauf zu reagieren, und *remodelados*, also auffrisierte Originale aus den 1940er-Jahren, eingesetzt, die ausschließlich Touristen durch die Gegend kutschieren. Dabei hat sie zwei Kapitalfehler begangen, die offensichtlich abschreckend auf die Besucher wirken, denn wirklich entlastet wird die 28E seit der Einführung der Touri-Tram nicht. Erstens wurden die traditionell in Gelb gehaltenen Straßenbahnen rot und grün lackiert, zweitens kostet eine Fahrt zwanzig Euro – im Gegensatz zum herkömmlichen Ticketpreis der *elétrico* von drei Euro.

Jedes Reisebuch empfiehlt eine Fahrt durch Lissabon mit der Straßenbahnlinie 28E – darum rate ich zum Gegenteil: Wenn das Erlebnis Ihr Ziel ist und nicht die Fahrt, nehmen Sie eine der anderen fünf Linien, und spazieren Sie dafür die Strecke der 28E zu Fuß entlang. Die Bewohner werden es Ihnen danken. Dann können Sie sich auch Zeit mit den Fotos lassen und Lissabons Lieblingsmotiv dabei fotografieren, wie es sich zwischen den Gebäuden hindurchschlängelt. Außerdem kommen Sie so mit den *lisboetas* ins Gespräch, anstatt sie nur im Vorbeifahren abzulichten.

Baixa Pombalina

Allerheiligen 1755. Ein Samstag wie kein anderer. Viele *lisboetas* feiern an diesem Morgen die Heilige Messe in den Kirchen, etwa der gotischen Igreja do Carmo hoch oben im Viertel Chiado. Andere bummeln durch die Stadt, verkaufen ihre Waren, verhandeln Preise. Um genau 9:40 Uhr wird auch der letzte Langschläfer unsanft aus dem Bett gerissen. Die Erde bebt, minutenlang. Wie stark, kann zu diesem Zeitpunkt niemand sagen – es wird noch 180 Jahre dauern, bis Charles Francis Richter seine seismologische Skala erfindet, die das Beben nachträglich zwischen 8,5 und 9,0 einstuft. Stark genug jedenfalls, dass es fortan die Zeitrechnung Europas neu bestimmen wird, sie in ein vor und ein nach dem Beben teilt. Das Epizentrum liegt südwestlich der portugiesischen Hauptstadt, rund zweihundert Kilometer vor den Stränden der Algarve. Selbst in Marokko, entlang der westafrikanischen Küste und auf den Makaronesischen Inseln richtet es immense Schäden an, tötet Tausende Menschen. Bis nach Finnland im Nordosten und in die Karibik im Südwesten sind die Erdstöße zu spüren.

In Lissabon laufen etliche Bewohner, die nicht bereits von herabfallenden Dächern erschlagen wurden, panisch ans

Tejoufer, um den einstürzenden Bauten zu entfliehen. Dort werden sie von einer turmhohen Flutwelle überrascht, die sie in den Tod reißt. Zwischen 60 000 und 100 000 Menschen sterben an diesem Morgen, dessen Dramaturgie an eine biblische Apokalypse erinnert. In den darauffolgenden Tagen zerstören Brände die hölzernen Überreste, die von Erdbeben und Tsunami verschont blieben. Mehr als fünfhundert Nachbeben erschüttern die Stadt. Goethe, zur Zeit des Bebens gerade einmal sechs Jahre alt, hält fünfzig Jahre später folgenden Satz über diese Tragödie fest: »Ja vielleicht hat der Dämon des Schreckens zu keiner Zeit so schnell und so mächtig seine Schauer über die Erde verbreitet.«

Der 1. November hat sich als Tag der Toten in die Gehirne der *lisboetas* eingebrannt wie ein Mahnmal. Umso überraschender, dass Lissabon an diesem Feiertag bis heute nicht der Opfer der verheerendsten Naturkatastrophe in der Geschichte Europas gedenkt.

Lissabon ist verwüstet, allen voran Europas »Wall Street«, das Handelszentrum namens Baixa. In der ebenen und von Hügeln umgebenen »Unterstadt« wurden Waren aus aller Welt feilgeboten, die Preise für Gold, Elfenbein und Seide festgelegt und von hier aus ins restliche Europa verfrachtet. Nun ist die Baixa verschüttet, verbrannt, vom Meer verschluckt. Wurde zum Friedhof Lissabons. Der Königspalast am Kai, die erst im März fertiggestellte Oper – zu diesem Zeitpunkt Europas modernstes Gebäude –, die Handelshäuser europäischer Kaufleute, die Staatsbibliothek mit all ihren literarischen Werken und sämtliche Wohnhäuser – alles weg. Krankenhäuser, Kirchen, Kathedralen zerstört. Eine Aschewolke verfinstert Lissabons tiefreligiösen Himmel, in den die Theologen voller Angst und Schrecken klagen: »Gott hat diese Stadt verflucht.«

Namhafte Philosophen der Aufklärung, von Kant bis Rousseau, teilen das prophetische Geraune über Gottes Zorn nicht. Ihr Vertrauen gehört den irdischen Kräften, sie bestärken die Naturwissenschaft und kritisieren den blinden Glauben an den Allmächtigen. Mit Vertretern der Kirche führen sie einen öffentlichen Diskurs, der erstmals die Existenz Gottes infrage stellt. Voltaire schreibt: »Ein Vater, der seine Kinder umbringt, ist ein Ungeheuer.«

Die Kette der Desaster in der damals mit 275 000 Einwohnern viertgrößten Stadt der Welt und einer der wichtigsten Handelsmetropolen überhaupt reißt nicht ab. Dem Inferno folgt ein wirtschaftlicher Einbruch Portugals, dieser Brücke zwischen Europa und allen anderen Kontinenten. Das Land ist zwar reich, hat in Übersee genug Gold, Diamanten und andere Ressourcen geplündert, aber neben den vielen Toten, die es zu beklagen gibt, liegen etliche zerstörte Betriebe brach.

Auch politisch hat das Beben Folgen: König José I., der sich aus Angst vor weiteren Beben in eine sichere Zone außerhalb der Stadt zurückzieht, verfolgt das Regierungsgeschäft nur noch peripher – aus einem Holzpalast. Es kommt zu innenpolitischen Spannungen, selbst die kolonialen Bestrebungen Portugals werden vorübergehend zurückgeschraubt.

Die Welt ist in Aufruhr, denn das portugiesische Imperium bröckelt. Wenn die allgemeine Geisteshaltung am Allerheiligentag 1755 aufzubrechen begann, war Lissabon sein Epizentrum. Aber wie in jeder tragischen Geschichte gibt es selbst in dieser einen Helden. Für einen *lisboeta* schlägt nun die Sternstunde: Sebastião José de Carvalho e Mello, später bekannt unter dem Titel Marquês de Pombal, Markgraf der Ortschaft Pombal – oder kurz »Pombal«, wie ihn alle in Lissabon nennen. Ein Mann mit weißer Perücke, ernsten Gesichtszügen und nachdenklichen Augen. Der damalige Außenminister erlebt seinen politischen Aufstieg, führt das Land in die Moderne und Liberalisierung. »Beerdigt die Toten und ernährt die Lebenden«, beordert der Pragmatiker – und macht sich selbst sogleich an den organisatorischen Wiederaufbau Lissabons. Sein Ziel: den Untergang der Stadt wieder rückgängig machen – mit mehr Pomp als zuvor. Mit Mauern so dick wie Burgen, mit Arkaden so hoch, dass Giraffen darunter ihre Hälse strecken können, und einem Platz so weit, dass jedem agoraphoben Menschen angst und bange würde: dem heutigen Praça do Comércio.

König José I. ernennt Pombal umgehend zum Premierminister und überlässt ihm de facto die Macht über Portugal. Unvorstellbar für alle, selbst für Pombal, der frei nach dem amerikanischen Traum agiert: »Man muss nicht König sein, um an die Spitze des Landes zu gelangen.« Anstelle eines klerikal-konservativen Regierungsstils vertritt Pombal, zum Entsetzen des Adels und der katholischen Kirche, fortan einen aufgeklärten Absolutismus.

In der Folge löst er den Jesuitenorden in Brasilien und Portugal auf, beendet die Sklaverei in Portugal und in den indischen Kolonien, lenkt den Handel verstärkt nach Brasilien, wo er der indigenen Bevölkerung mehr Rechte einräumt. Er reformiert die Inquisition, entzieht der Kirche die Zensur, vereinheitlicht das Rechtswesen. Abseits jeden kirchlichen Einflusses etabliert Pombal ein staatliches Schulsystem, gründet eine naturwissenschaftliche Fakultät an der Universität von Coimbra. Und er bestärkt die heimische Wirtschaft, indem er den lähmenden Einfluss Englands zurückdrängt und dem Staat eine neue Rolle als Unternehmer etlicher Betriebe zugesteht, dessen Vorzeigemodell viele Privatunternehmer folgen. Dank seiner effizient geführten Politik regeneriert sich Portugal in den Jahren nach dem Beben schnell, und Pombal avanciert zum wichtigsten Staatsmann des 18. Jahrhunderts. Da er seine Gegner verfolgen und bestrafen lässt, ereilt ihn der Ruf eines herrschsüchtigen Diktators. Der Kirche bleibt er jedenfalls ein Dorn im Auge.

Knapp drei Jahrhunderte später ist der einstige Premierminister für viele noch immer eine ambivalente Persönlichkeit. Etwa für den Historiker Joel Moedas-Miguel. Der 35-Jährige hat Pombal intensiv erforscht, schätzt ihn als Entscheidungsträger, der Verantwortung übernommen, klug und schnell gehandelt hat. Als religiösem Menschen fällt es Moedas-Miguel allerdings schwer, Pombals radikalen Kurs gegen die Kirche zu akzeptieren. Um Moedas-Miguels Hals baumelt eine Silberkette mit sieben Heiligensymbolen von Santiago de Compostela bis Fátima. Der gebürtige *lisboeta* bietet Touren durch seine Stadt an, führt durch das künstlerische und historische Erbe, zeigt Interessierten verborgene Kirchen, Klöster und Paläste, die Pombals Handschrift der Diskretion tragen – und den Besuchern verwehrt bleiben, obwohl sie tagtäglich daran vorbeilaufen. Etwa die Igreja de Nossa Senhora da Oliveira, jene Kirche, eingepfercht zwischen Jugendherberge und Modegeschäft, die von außen nahezu unerkennbar ist. Die Fassade des Gebäudes gleicht der jedes anderen Hauses in der Baixa. Tritt man jedoch durch die richtige Tür – die mit dem winzigen Kreuz über dem Rahmen –, eröffnet sich einem ein atemberaubendes Kirchenschiff aus dem 13. Jahrhundert, das während des Bebens zerstört, auf Ruinen neu erbaut und 1762 mit *azulejos* ausgekleidet wurde. Versteckte Gotteshäuser wie diese gibt es gut ein Dutzend in der Unterstadt, unsichtbar gemacht von Pombal, indem er herkömmliche Hausfassaden um die Kirchen bauen ließ, um den religiösen Einfluss zu reduzieren, ihn allerdings nicht vollends zu verbieten.

»Pombal hat eine Stadt für das Volk geschaffen, nicht für Gott«, fasst Moedas-Miguel zusammen. Auch wenn seine Stimme sanft klingt, er gelassen spricht, spürt man seinen Unmut darüber. Bis heute trägt Lissabon Pombals persönliche Note, vor allem die von ihm neu entworfene Baixa als Zentrum unterscheidet sich architektonisch und stadtplanerisch von den anderen Vierteln. Umgeben von bebauten Hügeln, wirkt die auf Meereshöhe liegende Unterstadt wie ein Fremdkörper. Ein Tal, das Ruhe in das zerklüftete Stadtbild bringt. Die Baixa ist ein schachbrettartiges Netz aus acht schnurgeraden Längsstraßen, die rechtwinkelig von neun Quergassen durchkreuzt werden. Ihre Endpunkte sind weiträumige, offene Plätze, die für Lissabon von zentraler Bedeutung sind: Praça do Comércio im Süden, Rossio und Praça da Figueira im Norden. Im Osten grenzte sie einst an die alte Stadtmauer Lissabons, im Westen noch heute an den Hügel von Chiado. Und unter ihr liegen die Ruinen des alten Lissabon, zu denen Moedas-Miguel ebenfalls führen kann.

Pombal lernt aus den Baufehlern der Vergangenheit, will Risiken minimieren und verwirklicht seine architektonischen Visionen: Aus Brandschutzgründen lässt er Trennwände zwischen die Häuserdächer bauen, damit Feuer nicht übergreifen können. Jedes Gebäude wird mit Kanalisation und einem Brunnen im Innenhof ausgestattet, um im Ernstfall Wasser greifbar zu haben. In der neuen Baixa lässt Pombal bis zu zwölf Meter breite Alleen anlegen, die die Häuserreihen voneinander trennen. Manche Bewohner üben Kritik an der Opulenz und Gigantomanie – schließlich entsprach dies nicht dem damaligen Zeitgeist, sondern Pombals visionärem Wahn. Doch der Schöpfer beschwichtigt, verkauft seinen Traum. »Heute denken wir, dass wir breite Straßen bauen, später einmal werden die Leute darüber schimpfen, wie eng sie sind«, soll Pombal während der fünf Jahre andauernden Konstruktion einmal gesagt haben. Er behielt recht, wenn man sich die autoverstopften Straßen heute ansieht. Im Zuge des Ausbaus der Unterstadt im 19. und 20. Jahrhundert – zusätzlicher Wohnraum wird errichtet, später die Metro und Garagen – müssen nahezu alle Brunnen modernen Treppenhäusern weichen. Weil fast jeder pombalinische Bau mindestens ein zusätzliches Stockwerk erhält, entfallen zudem die feuerfesten Trennwände auf den überbauten Dächern, ein Umstand, der sich noch rächen wird. Moedas-Miguel ist einer der wenigen, der weiß, wo sich die letzten ursprünglichen Konstruktionen verstecken.

Um die neue Unterstadt erdbebensicherer zu bauen, entwerfen Pombals Ingenieure ein Modell, das auf der Konstruktion von Schiffen basiert. Ein Novum in der seismologischen Forschung. Ein aus flexiblem Holz gezimmertes, dreidimensionales Konstrukt, das in Wände, Böden und Decken eingebaut und von Mauerwerk eingebettet wird. Dieser *gaiola pombalina*, der pombalinische Käfig, soll wie ein Skelett für Standhaftigkeit und Flexibilität sorgen und bewirken, dass die Gebäude zwar wackeln, aber nicht zusammenbrechen. Um ihre Belastbarkeit zu testen, simuliert Pombal Erdbeben, indem er die Armee im Gleichschritt um den Neubau aufmarschieren lässt.

Heute, mehr als ein Vierteljahrtausend nach ihrer Errichtung, strotzt die Baixa vor Vitalität, als wäre sie erst gestern errichtet worden. Bislang hielt der pombalinische Käfig stand – zumindest allen weiteren Erdbeben, die Lissabon seitdem erschütterten. Doch Experten wie der Maringeologe João Duarte von der Lissabonner Universität sind sich einig, dass es wieder zu einem großen Beben kommen wird, nur vermag niemand vorherzusagen, wann. Vor der Küste Portugals entdeckte Duarte 2019 in vierzig bis sechzig Kilometer Tiefe ein Anzeichen dafür, dass der Atlantik zu schrumpfen beginnt, sodass der amerikanische und der eurasische Kontinent sich irgendwann einmal wieder treffen. Hat Duarte damit recht, ist das ein ernst zu nehmender Erdbebenherd.

Die größte Katastrophe, die Lissabon seit dem Beben verkraften musste, ereignete sich am 25. August 1988, als ein Großbrand weite Teile des direkt an die Baixa angrenzenden Nobelviertels Chiado zerstörte. Die dicht aneinandergebauten Häuser gehen eins nach dem anderen in Flammen auf. Die Feuerwehr rückt mit 1150 Mann aus. Einer stirbt, sechzig werden verletzt. Dreihundert Mieter verlieren ihr Zuhause. Achtzehn von Pombal errichtete Gebäude werden vernichtet, sie können dem Übergreifen des Feuers nicht standhalten, da Pombals installierte Trennwände überbaut wurden. Diesmal macht sich ein Architekt aus Nordportugal einen Namen: Álvaro Siza Vieira leitet den Wiederaufbau ein und lässt die Fassaden originalgetreu rekonstruieren. Derselbe Mann gibt Jahre später auch der Igreja do Carmo ein neues Antlitz, jener Kirche, deren Überreste als letztes Zeugnis der Erdbebenkatastrophe von 1755 mahnen. Von dem Kirchendach fehlt bis heute jede Spur, das Gerippe aus Wänden und Steinbögen ragt als Hülle jedoch weiterhin in den Lissabonner Himmel.

Pombal plante akkurat: Jede Hauptstraße in der Baixa schrieb er einem Gewerbe zu. In der Rua da Prata etwa befanden sich die Silberschmiede. In der Rua dos Sapateiros die Schuster und so weiter und so fort. Geht es nach Moedas-Miguel, folgten die Namen der Straßen derer Adeligen: »An einigen Hausmauern finden wir noch heute die alten Namensschilder – benannt nach König, Königin und Prinzessin.« Auch der Theorie, dass es überall in der Stadt Bezüge zur Alchimie und zur Freimaurerei geben soll, widerspricht der Historiker vehement. »Nichts als Verschwörungstheorien und Blödsinn. Ammenmärchen, die gern von den Tourguides erzählt werden.«

In jedem Fall sind die damals angesiedelten Geschäfte zu einem Großteil verschwunden, mussten Kaffeehäusern, Restaurants und internationalen Ketten weichen – die Straßennamen sind bis heute geblieben. Ebenso wie das internationale Flair. Galt Lissabon einst als florierende Handelsstadt und kosmopolitische Metropole, zieht es nach wie vor Menschen aus allen Ecken der Erde an das Tejoufer. Geschäftig ist die Baixa also immer noch. Manchmal sogar zu geschäftig.

Moedas-Miguel führt mich über die Rua Augusta, die autofreie Lebenslinie der Baixa, Lissabons bekannteste Einkaufsstraße, durch die jeder Besucher bummelt und von der bereits Thomas Manns Hochstapler Felix Krull im gleichnamigen Roman schwärmte: »Eine der schmucksten Straßen der Stadt.« Schmuck und elegant ist dieser Laufsteg tatsächlich mit seinen dekorativen Pflastersteinen und den prunkvollen Jugendstilfassaden der Handelshäuser, ihren Geschäften, Banken, Hotels, Cafés und *pastelarias*, vom imposanten Triumphbogen hindurch bis zum Rossio. Dazwischen: Gaukler, Ramschverkäufer, Drogendealer und patrouillierende Polizisten. Ein buntes und lebendiges Treiben. Weichen mussten die Armen und Alten, die hier bis zuletzt wortlos die Hände aufhielten, um betrübten Blickes auf Spenden der Reichen, der Touristen, der Herzerweichten zu hoffen. Sie passten nicht ins Stadtbild. Auch heute sieht man sie nur an bestimmten Orten und zu bestimmten Zeiten, als gäbe es ein stilles Abkommen zwischen ihnen und den Ordnungshütern.

Spätabends etwa schlafen manche Obdachlose auf den vergitterten Schächten der Metro, aus denen warme Luft strömt. Gestört werden sie nur von jugendlichen Skatern, die nun den gesamten Praça da Figueira ihr eigen nennen können und sich auf ihren Brettern austoben. Diese Obdachlosen zählen zu den glücklicheren, denn sie müssen nur bedingt frieren. Nur wenige Meter entfernt, mitten in der Baixa, erblickt man spätnachts die Schlafverstecke der weniger glücklichen: vor Banken, in Hauseingängen, angelehnt an Mauern, halb sitzend, halb schlafend. In den Stunden des frühen Morgens, wenn Lissabons Straßen noch leer und leise sind, bevor die Geschäfte aufsperren und die ersten Besucher in die *elétrico* steigen, sind sie verschwunden, treiben sich den ganzen Tag lang herum, ehe sie abends wieder ihr Quartier beziehen.

Wir schaffen es heil über die Fußgängerzone, durch die sich die Masse schiebt. Moedas-Miguel führt mich zum Rossio, jenem Platz, der einst ein Marschland war – und wo im 12. Jahrhundert ein römisches Hippodrom stand. Erst hier macht der Historiker einem bewusst, dass die gesamte Unterstadt Lissabons auf Holzpfeilern errichtet wurde, ähnlich wie Amsterdam und Venedig. Kurz nach dem Rossio-Bahnhof deutet Moedas-Miguel auf eine von Bäumen gesäumte Allee: die Avenida da Liberdade. Wie eine Welle rollt der Verkehr über die Straße: Taxis, Autos, Motorräder, Busse, Tuk Tuks und seit neuestem Elektroroller. Kaum zu glauben, dass sie früher einmal ein Fluss war, der im Sumpf des heutigen Rossio und damit dem Tejo mündete.

Die in Grundzügen ebenfalls von Pombal angelegte Avenida endet am Praça Marquês de Pombal in einem Kreisverkehr. Aus seiner Mitte ragt eine über dreißig Meter hohe Marmorsäule in die Luft, von deren Spitze Lissabons Retter auf das Herz der Stadt blickt: in die von ihm errichtete Baixa Pombalina. Pompös und monumental steht er da, um allen in Erinnerung zu rufen, welch großer Mann er einst war.

Dies jedoch nur bis zum Tod seines Gönners im Jahr 1777. Denn nach dem Ableben König José I. und der Ernennung seiner Tochter Maria zur Nachfolgerin wird Pombal aufs Abstellgleis geschoben. Die fromme Maria erteilt Pombal Hausarrest, macht viele seiner Schritte rückgängig, verstrickt die Kirche von Neuem mit der portugiesischen Politik. Fünf Jahre später stirbt Pombal als armer Mann.

Lissabons Held bleibt er dennoch. Für manche zumindest.

Fado

Mit jedem Atemzug füllt sich die Lunge um einen Schnauf rauchgeschwängerter Luft. Mit jedem Schluck steigt der Alkoholgehalt im Blut, wird der Kopf schummriger und schwerer. Und mit jedem Gast, der das Lokal betritt, erhöht sich der Lärmpegel. Längst sind alle zwölf Tische besetzt, dennoch trudeln weiterhin Nachteulen ein. Die Uhr zeigt 4:42 morgens.

Als das Deckenlicht erlischt, erhellen nur noch drei rote Lampen den dunklen Raum, die dunklen Möbel, den schweren, weinroten Vorhang, der das einzige Fenster verdeckt. »*Silêncio*«, schreit eine Frau durch die Küchenluke, aus der die Würze gebratener *chouriço*-Würste weht. »Ruhe!« In der Stimme der einstigen Ballerina beharrt ein russischer Akzent, der selbst dem lautesten und weinseligsten Portugiesen zu verstehen gibt, nun die Klappe zu halten.

Andächtige Stille in der Kneipe. Stuhlerücken, Stimmenräuspern, Gläserklirren. Ein spindeldürrer Mann schleicht in die Mitte des Raumes, in der zwei Gitarristen Platz genommen haben. Schneeweißes Haar, glattrasiertes Kinn, dicke Goldringe an den Fingern, die Ärmel seiner Sportjacke bis zu den Ellbogen hochgekrempelt. Aussehen wie ein Zuhälter. »Ihr Saufköpfe«, beschimpft er die Musiker, deutet eine Ohrfeige an. Alle drei lächeln – und mit ihnen das Publikum.

Dann legen die beiden los, zupfen und streichen aus ihren Gitarren eine wärmend-traurige Melodie, bevor die seidenweiche Stimme des Mannes das Lokal erfüllt. Voller Romantik, voller Poesie, voller Schmerz, den man am liebsten mit Portwein runterspülen möchte: glasweise, flaschenweise, fassweise.

Vou trocar de coração, vou, é melhor.
Este que trago no peito é um traidor.
Só deseja o que não deve e ama a quem não.
Vou trocar de coração e vou parar de sofrer.

Ich werde mein Herz austauschen, weil es so besser ist.
Jenes, das in meiner Brust schlägt, verrät mich stets.
Es begehrt nur, was es nicht begehren soll, und liebt die, die es nicht lieben soll.
Ich werde mein Herz austauschen, und mein Leiden findet ein Ende.

Ergriffenes Schweigen im Publikum, nur Schluchzen und Mitsingen sind erlaubt. Je näher das Ende des Liedes rückt, umso lauter und pathetischer zirkuliert der Gesang im Raum, ehe der Sänger urplötzlich verstummt. Durch enthusiastisches Klatschen und Bravorufe erlöst ihn das Publikum. Der Mann nickt dankend mit dem Kopf, bevor er hinter die Theke zurückkehrt. Über die Augen mancher Gäste zieht sich ein tränenfeuchter Vorhang, einige lächeln gerührt, andere vergraben ihr Gesicht in den Händen. Als das Licht wieder angeht, bin ich benommen wie nach einer Valium.

Jahrelang dachte ich, Fado sei nichts anderes als der Wehklang der Armen, der Prostituierten und Hafenarbeiter, das in Alkohol getränkte Gejammer singender Tagelöhner, Taschendiebe und Taugenichtse, die sich in ihrem süßen Selbstmitleid suhlen. Ein Geplärre und Gewimmer, das touristisch ausgeschlachtet wird, ein Musikstil, den man mögen kann oder nicht. Die längste Zeit mochte ich ihn nicht. Ich habe dazugelernt.

Fado ist nicht der *fadista*, der ihn singt, nicht die Stimme, der Text, der Klang, die Lautstärke, die Begleitung der weinenden Gitarren, der Rhythmus, der Ort oder das Publikum. Er ist all das zusammen – und weit mehr: Fado ist Magie, denn er verwandelt Schmerz, also etwas Negatives, in etwas Positives, in wundervoll Akustisches, wenn all das Genannte miteinander verschmilzt und zu einem großen Ganzen wird. *Acontece fado*, nennt man das, »Fado entsteht«. Ein Zustand, den man nicht planen kann. Schon gar nicht in Fado-Shows auf den Touristenmeilen, angekündigt für 20 Uhr, inklusive Abendessen und einem Krug Sangria. So, wie ich ihn oft erlebt habe, wie ihn die meisten Besucher Lissabons zu Ohren bekommen. Dort, auf den *ruas dos fadistas* in Alfama, in Mouraria, in Graça und in Bairro Alto, dort, wo Fado als Begleitmusik am Rande erscheint, während Touristen aus aller Welt Drei-Gänge-Menüs verputzen. Natürlich, Fado kann auch dort »entstehen«, allerdings nur, wenn der Rahmen stimmt.

Demnach spielt der Ort vielleicht doch eine größere Rolle, hängt die Macht der Magie also doch mit einer Lokalität zusammen. Es gibt diese eine in Lissabon, den heiligen Gral des Fado. Kein Schild weist darauf hin, keine Flyer verteilenden Erasmus-Studenten, kein Kellner, der mit ausgebreiteter Speisekarte hereinlockt. Einzig eine Fado-Karikatur an der Eingangstür könnte diesen Ort verraten, an dem der weißhaarige Sänger zugleich auch der Besitzer ist. Er zählt mittlerweile 82 Jahre, steht meist hinter der Theke und ist oft tagelang unauffindbar. Es gibt solche Orte, die ein gut gehütetes Geheimnis, ein *segredo*, sind – und auch bleiben sollen.

Taufen wir ihn und seine Bar für unsere Geschichte der Einfachheit halber Nelo.

An nur zwei Abenden pro Woche sperrt Nelo seine Stube offiziell auf, irgendwann nach ein Uhr nachts. Dann, wenn Lissabons herkömmliche Fado-Bars schließen, ihre Besucher schlafen gehen und die *fadistas* abgekämpft und müde vom Abendgeschäft ihren Weg antreten, um einander wie bei einem Geheimbund zu treffen. Mit Wein in der Brust, wenigen Münzen in den Taschen und reichlich Nostalgie in der Seele. Dann streunen sie zu Nelo. Und »streunen« trifft es tatsächlich, denn diese *fadistas* sind keine Siegertypen. Sie heißen *vadios*, Herumtreiber – ein Name, der ihrem Dasein und ihrer Musik gerecht wird, da sie eine beliebige Fado-Bar anpeilen, dort zwei, drei Lieder singen, mit einem Glas *vinho tinto* bezahlt werden und zur nächsten Kneipe weiterziehen. Abend für Abend, manche von ihnen ein Leben lang.

Ende 2019 lief der Dokumentarfilm »Vadio – I am not a poet« des Regisseurs Stefan Lechner in Portugals Kinos. Darin porträtiert der Wiener Filmemacher, der selbst Musiker ist und seit einer Dekade in Lissabon lebt, einen *fadista* bei seinem Kampf gegen die Konkurrenz durch die harte Lebensschule und auf der Suche nach Anerkennung. Fünf Jahre lang begleitete Lechner seinen Protagonisten, lernte dabei den Fado kennen wie kaum ein anderer *estrangeiro*. »Als ich das erste Mal mit *vadios* in Kontakt kam, wusste ich sofort, dass mein nächster Film in ihrem Universum stattfinden würde. Mich berührt Fado in diesem Umfeld, das sogar viele Portugiesen nicht kennen, mehr, als wenn ich ihn in einem Konzertsaal höre«, erzählt der 45-Jährige, dessen Beharrlichkeit und Interesse an dieser Musik ihm die Türen in eine Fado-Parallelwelt öffnete. Beim prestigeträchtigsten Filmfestival der Stadt, dem DocLisboa, wurde seine Dokumentation 2018 mit dem Publikumspreis belohnt. Die Rückmeldung der *vadios* und professioneller *fadistas* lautete, dass Lechner ihre Welt von innen heraus transparent gemacht habe. »Ich hoffe, dass diese Tradition noch lange fortbesteht. Insbesondere jetzt, wo Lissabon vom Massentourismus überrollt wird, wird es zunehmend schwerer, Orte zu finden, wo Fado noch Platz hat, in aller Ruhe zu entstehen.« Da *vadios* der Ruf nacheilt, Amateure zu sein, distanzieren sich manche *fadistas*, die dauerhaft in *tascas* singen, von ihnen.

Doch bei Nelo finden sowohl die einen als auch die anderen Katharsis. Zu später Stunde finden sie sich ein, waschechte Fado-Haudegen unter sich, Hartgesonnene, die es ernst meinen, weil sie es sich nicht aussuchen konnten, als *fadistas* geboren wurden und mit Fado sterben wollen. Berufung, hört man sie immer wieder sagen, nicht Beruf. Sie eint die Kraft der Melancholie, gleichzeitig die Wurzel ihrer Trauer. Bei Nelo lachen, trinken und rauchen die Streuner – und wenn einem danach ist, wenn genug *saudade* in ihm hochkriecht, ihm der Rotwein die Zunge löst, betritt er die Mitte des Raumes und lässt seine Seele sprechen, die sein Leid verkündet.

Hier geht es nicht darum, die Anwesenden zu beeindrucken, auch wenn *fadistas* dafür bekannt sind, mindestens genauso große Egos zu besitzen wie Stimmgewalt. Hier singen die Diven für sich, für Kollegen und Kontrahenten, für den Moment in dieser von außen völlig unscheinbaren Hütte, deren Decke mit Schimmel belegt ist, deren Fliesenwände mit einer ranzigen Fettschicht überzogen sind. In ihren Liedern erinnern die *fadistas* sich daran, wer sie einmal waren, wie sie waren, mit wem sie waren. Sie denken zurück an ihre Hoffnungen und Ängste, an die Verwundungen und Schmähungen, daran, dass sie vielleicht zu verliebt oder niemals verliebt waren, dass sie entweder Geld oder Zeit besaßen, aber selten beides zusammen. Aber Geld brauchen sie ohnehin nicht zum Glück, sondern ihre Musik. Ein Lied ist für sie wie eine Therapiesitzung, ein Echo des erlittenen Schmerzes. Stimmen, die von Alkohol und Zigaretten so lange missbraucht wurden, dass sie wie Reibeisen klingen. Die aber solch weichen und schmerzerfüllten Gesang hervorbringen, dass ihre Melancholie durch den Raum wabert wie der Zigarettenqualm. Das bedeutet nicht, dass in Lissabon ausschließlich depressive Nostalgiker sitzen, die ihren Wehmut in Rotwein ertränken, bevor sie ihn aus der Seele schreien. Aber es gibt sie, und es wird sie wohl immer geben, selbst wenn Nelo für immer schließt, denn sie gehören zu dieser Stadt wie der Fado selbst. Noch singt der Chef sogar persönlich.

Gerade tritt er von der Bar hervor, stimmt sein zweites Lied an, lässt es sich davor nicht nehmen, mit seinem Publikum zu scherzen. Ein Schulterklopfer hier, ein halb ernster Würgegriff da. Eine Beleidigung für seine Gitarristen, ein Augenzwinkern für eine junge Frau unter den Gästen. Aus der Küche lugen die Augen seiner russischen Frau hervor. Vor 26 Jahren kam sie als Tänzerin für den berüchtigten Nachtclub Maxim's nach Portugal, lernte am Flughafen ihren mindestens eine Generation älteren Manager kennen und heiratete ihn kein Jahr später.

Herb und ehrlich trägt Nelo sein Lied vor. Aufrecht wie ein Gockel stolziert er zwischen den Tischen hindurch, klopft mit den Handflächen auf seine Brust, während er einer Besucherin tief in die Augen blickt und von Liebe singt. Mitten in dieser schnulzigen Ballade dreht er sich zu den Gitarristen, ändert spontan den Text, sodass er die beiden als *cabrãos* beschimpft, Arschlöcher. Die Kneipe tobt, die Gitarristen nehmen es mit Humor. Dann wieder verrenkt er den Kopf Richtung Decke, fuchtelt mit den Armen theatralisch in der Luft, als würde er dem Herrgott persönlich sein Schicksal mitteilen. Währenddessen summt seine Frau laut mit, steckt die Gäste an mitzuschunkeln. Mit welchen Dämonen sie täglich zu kämpfen hat mit diesem Entertainer an ihrer Seite? »Er ist, wie er ist«, sagt sie trocken. Bis sechs Uhr früh wird die Nacht im Nelo dauern. »Vielleicht auch länger«, meint sie. »Heute ist die Stimmung besonders gut.« Dann kehrt sie zurück in die Küche, stellt den Herd an und kocht eine Portion Stockfisch mit Kartoffeln und Kohl – um fünf Uhr morgens.

Über die ständige Auseinandersetzung mit Seins-, Seelen- und Sinnfragen im Fado könnte man Bände schreiben. Einer, der das tut, heißt Rui Vieira Nery, *lisboeta*, Historiker und Musikwissenschaftler an der Universität von Lissabon und der ebenso stadtbekannten Gulbenkian-Stiftung. Warum die *lisboetas* so verrückt nach Fado sind, weiß nur Gott allein, aber Nery versucht, es mit der Stimme der Wissenschaft zu erklären. »Fado ist ein Symbol nationaler Identität«, sagt er, »aber eines, das lebt und dynamisch ist, sich also ständig weiterentwickelt und verändert.«

Dass Lissabon heute als Fado-Mekka gilt, darin sind sich alle einig. Ob portugiesische Seefahrer oder brasilianische Hofbarden dafür gesorgt haben, dass er nun in Lissabon zu Hause ist, kann selbst der Experte nicht mit Gewissheit sagen. Nery hat es sich zur Lebensaufgabe gemacht, die Geschichte des Fado zu erforschen und niederzuschreiben. Folgendes kam dabei heraus:

Fado ist das Ergebnis eines afrobrasilianischen Straßentanzes, vermischt mit Sklavenmusik aus den Kapverden und den Wehklängen portugiesischer Seefahrer, die diesen akustischen Mischmasch im frühen 19. Jahrhundert in die Hafen- und Rotlichtviertel Lissabons bringen, nach Mouraria, Alfama und Graça. Dort trifft das Durcheinander auf wieder anderen Schmerz, auf die Musik aus dem Landesinneren Portugals, jener europäischer Migranten und auf die *modinha*, eine ursprünglich an brasilianischen Kaiserhöfen gesungene Form von Balladen mit sentimental-lyrischen Texten. Nach mehrfacher Kreuzung geben die *lisboetas* diesem musikalischen Kulturmix einen Namen: *fado,* Schicksal. Denn davon handeln die zunächst vulgären und traurigen Texte: vom fiesen Schicksal, von dem sich die Portugiesen seit Ewigkeiten bestraft fühlen, und von der Sehnsucht nach den guten alten Zeiten. Und weil die Portugiesen nun eine Musik gefunden haben, in der sie ihren Kummer akustisch zelebrieren können, erfreut sich Fado immer größerer Beliebtheit. Das verstehen auch die Arbeiterparteien, greifen Fado auf, färben die Inhalte links ein, beeinflusst durch die Poesie von Marx und Engels. Raus aus den Bordellen, rein in die Theater, Opernhäuser und Salons der Lissabonner Mittelschicht. Auch die Aristokratie macht sich den Fado Ende des 19. Jahrhunderts zu eigen. Mit den ersten Phonographen kommt er endgültig in ganz Portugal an.

Dann ergreift Salazar die Macht. Der Diktator hasst Fado wegen seiner Verbindung zur politischen Linken, schafft es jedoch nicht, ihn zur Gänze in seinem Regime zu verbieten. Aber er kontrolliert ihn, so gut er kann, untersagt öffentliche Auftritte der *fadistas*, zensiert ihre Texte, ehe er sich nach Ende des Zweiten Weltkrieges selbst die Musik zu eigen macht. Nach außen verkauft sich Salazar nun als wahrer Verfechter der portugiesischen Kultur, nur um seine politischen Botschaften durch Fado zu verbreiten. Seine größte Waffe: Amália Rodrigues. Die junge Fado-Sängerin avanciert in den 1950er-Jahren zur Mariah Carey des Fado. Mit ihrem kreativen Zugang hebt sie den Fado auf ein neues Niveau und macht ihn weltberühmt: Als Wehklang schwarz gekleideter Damen aus Portugal trägt sie ihn aus den Lissabonner Fado-Lokalen auf internationale Konzertbühnen. Und Salazar sympathisiert mit ihr.

Nach dem Ende seines faschistischen Regimes 1974 will niemand mehr etwas mit dem Fado zu tun haben, da er an diese triste Vergangenheit erinnert, das Fatalistische und Passive in den Portugiesen herauskehrt. Die Musik läuft Gefahr auszusterben, und Amália fällt in Ungnade. Die Kritik, mit ihren Stücken dem Diktator gedient zu haben, muss sie sich noch Jahrzehnte später gefallen lassen, dabei hat sie insgeheim die kommunistische Partei unterstützt. Ab den 1990er-Jahren erlebt der Fado eine Revolution, denn die Generation nach der Diktatur entdeckt den Musikstil als kulturelles Gut, versieht ihn mit neuen Elementen und macht ihn wieder bekannt – als Nischenprodukt auf Festivals, in Konzerthäusern und in den Charts.

Auch die Fado-Diva feiert ihr musikalisches Comeback, singt zur Eröffnung der Expo 1998 in Lissabon – ihr letzter großer Auftritt, bevor sie ein Jahr später stirbt. Dreitägige Staatstrauer für die Königin des Fado, die als erste von zwei Frauen im Pantheon, der portugiesischen Grabkammer in Alfama, begraben wird. Die andere war die portugiesische Autorin Sophia de Mello Breyner Andresen, die 1999, als erste Frau überhaupt, den wichtigsten Literaturpreis der lusophonen, also portugiesischsprachigen Welt erhalten hat: den Prémio Camões.

»Es gibt keine Definition dessen, was echter, authentischer Fado ist und was nicht«, sagt Experte Nery. »Einzig die *fadistas* entscheiden das.« Als Kopf eines Teams von Akademikern und Musikern erreichte der 62-Jährige im Jahr 2011 die Adelung der UNESCO, Fado als immaterielles Weltkulturerbe anzuerkennen. Moderne und Tradition versöhnen sich und leiten den kommerziellen Erfolg ein, der heute in jenen Lissabonner Vierteln spürbar ist, wo der Musikstil einst geboren wurde.

Dass Fado gerade jetzt erneut eine Renaissance erlebt, verdankt er nicht nur einer jungen Generation, die ihn noch einmal generalüberholt und neu interpretiert, sondern auch einem Weltstar: der Wahl-*lisboeta* Madonna. Auf ihrem Album »Madame X« finden sich, neben Einflüssen der kapverdischen Morna-Königin Cesária Évora, ebenfalls Fado-Klänge. »Melancholie und Traurigkeit«, sagt Madonna über diese

Lieder. »Eine perfekte Palette für mich, aus denen ich Farben auswählen konnte.« Natürlich würde Madonna niemals als *fadista* durchgehen, müssen diese doch traditionell aus Lissabon kommen und mit der Musik aufwachsen. Was du spürst, kannst du nicht lernen, sagen die Fado-Puristen. An der Regel, dass man als *fadista* geboren wird, halten heutzutage wohl nur noch sie fest. Mittlerweile gibt es nämlich Fado-Schulen, in denen jeder lernen darf.

Was sich hinter Nelos Tür und dem zersprungenen Schaufenster seiner Bar verbirgt, in dem sich ein paar vergilbte Fotos von *fadistas* verstecken, ist in seiner Abgeschiedenheit gerade deshalb diese Magie, die man sonst nirgendwo in Lissabon erlebt. Doch Fado, meint Nery, kann mit beidem umgehen, »mit dem Kommerzzirkus und der authentischen Kunst«.

Darum lohnt es sich, nach solch verborgenen Orten zu suchen, denn die Stadt würdigt den Finder, gewährt ihm einen Einblick in Lissabons Seele.

Meine kleine Gasse

Die Wohnung, die ich in Lissabon gemietet habe, kostet mich den letzten Nerv. Viele hatten mir davon abgeraten, mich sogar davor gewarnt: der nächtliche Lärm in der Gasse aufgrund der vielen Bars, die Masse an Touristen, die tagsüber durch das Viertel irrt, um nach sehenswerten Bauten wie dem Pantheon oder der steinalten Kathedrale von Sé zu suchen, und natürlich das Preis-Leistungs-Verhältnis meiner Bruchbude. Ich wollte nicht hören – nun muss ich mit den Konsequenzen leben. Und würde mich jederzeit wieder so entscheiden.

»Apartment mit Charakter in Alfama. Hell, ruhig, sauber, möbliert, tolle Aussicht«, stand in der Annonce, die mir Ana, eine Freundin aus der Stadt, weiterreichte. Dass lediglich der erste Teil des Angebots der Wahrheit entsprechen könnte, mit Betonung auf dem Wort »Charakter«, hätte ich damals nicht für möglich gehalten. Zumal der Vermieter ein weit entfernter Verwandter Anas ist. Was konnte da schon schiefgehen?

Senhor Graciano ist ein Portugiese der alten Schule und sieht aus, als wäre er einem Comic entsprungen: mit Schiebermütze auf dem weißhaarigen Kopf, Schnauzbart unter der

Nase, Zahnstocher im Mund und bereits am Vormittag Portwein im Blut. Gutes Herz, Schlitzohr nach außen. Redselig, aber unbeständig in Denken und Handeln, was darin resultiert, dass seine Gedanken nicht geordnet aus dem Mund fließen, sondern in verwirrenden Wortfetzen, die Dialoge mit ihm erschweren. Meist gibt er sich geschäftig, dabei zelebriert er den Müßiggang, als könnte es nichts auf der Welt geben, das ihn zur Eile treibt – dafür liebt und genießt er sein Leben viel zu sehr. Zur vereinbarten Wohnungsbesichtigung erscheint er erst, nachdem ich ihn telefonisch aus seinem Alkoholrausch wecke – am Mittag. »Komm einfach in die Rua dos Remédios«, hatte er zuvor gesagt, ohne weitere Details.

Wie Senhor Graciano in den Besitz gleich mehrerer Immobilien in und um Lissabon kommen konnte, bleibt mir ein Rätsel. Ihm gehören ein Hotel im Rohbau, das Jahre später immer noch in diesem Urzustand sein wird; Restaurants, Fado-Bars, Lagerräume und Wohnungen in Alfama, darunter auch meine. Ein kleines Quartier in jenem Viertel, das in erster Linie aus Charme und abbruchreifen Häusern besteht, die neben- und übereinandergestapelt auf einem Hang liegen, als hätte sie der Herrgott besoffen aus dem Himmel gewürfelt.

Auf dem Boden ist Alfama ein Labyrinth verwinkelter Gassen, Treppen, Bögen und Hügel, das einen verschlingt und erst wieder freigibt, wenn man aufhört, fieberhaft nach dem Ausgang zu suchen. Das *bairro* in Lissabons ältestem Stadtteil verteilt sich über die Südseite des Burghügels, vom Tejoufer bis hoch zum Kastell von São Jorge, an dem ein Heer europäischer Kreuzritter die Mauren in der Schlacht von 1147 besiegte und damit die beinahe vierhundert Jahre andauernde Besatzung Al-Usbunas beendete, wie Lissabon damals hieß. Passend dazu folgende Zeilen aus José Saramagos »Geschichte der Belagerung von Lissabon«: »Hund du, sagt der Maure, Hund ei du, antwortet der Christ, und da bekriegen sie sich mit Lanze, Schwert und Degen, während die Köter einander versichern, Die Hunde, das sind wir, und es schert sie nicht.« Anstelle der Mauren erstürmten, belagerten und plünderten nun die Christen die Stadt. Ihrem Anführer, Afonso Henriques, Beiname: der Eroberer, ebneten sie damit den Weg, als erster König Portugals die Herrschaft über das ganze Land zu übernehmen.

Alfama hatte immer schon eine besondere Rolle zugetragen bekommen. Bis zum 13. Jahrhundert etwa als Viertel der Armen und Ausgestoßenen, das auf die Mauern der großen Stadt blickte – von außerhalb. Den Ruf einer verruchten Gegend wurde der Randbezirk auch ein Jahrhundert später nicht los, als er sich während der Erweiterung Lissabons zum Hafen- und Rotlichtviertel etablierte. Dem großen Erdbeben von 1755 trotzte Alfama und behielt Aussehen und Charakter – im Gegensatz zum Großteil Lissabons, der neu errichtet wurde. Damit wurde Alfama zum ältesten erhaltenen *bairro* der Stadt. In den schummrigen Bars Alfamas – sowie seines Nachbarviertels Mouraria – etablierte sich ab den Zwanzigerjahren des 19. Jahrhunderts ein eigener Musikstil, der dem Gemüt der Industriearbeiter, Huren, Zuhälter, Taschendiebe, Tagelöhner und Banditen entsprach: der Fado. Heute zeugen Dutzende Fado-Bars von diesem kulturellen Erbe – manche davon authentischer als andere.

Das finstere Image prägt Alfama bis heute, obwohl das Viertel nun als beliebte Touristenmeile gilt. Nicht zuletzt weil der nagelneue Kreuzfahrtterminal an Alfamas Kai liegt und tagtäglich Legionen an Besuchern den Bäuchen der Schiffe entsteigen – an genau jener Stelle, wo vor einigen Jahrhunderten Sklaven aus Afrika aus den Booten geprügelt wurden. Welch Ironie! Seiner bedeutungsschweren Vergangenheit fällt das Herzstück Lissabons nun zum Opfer, wird es doch überrannt von der Gegenwart. Als bisse sich die Katze in den Schwanz.

Denn jede Ecke, sei sie noch so verästelt und eng, lädt ein, da sie Nostalgie und *saudade* auslöst, diese portugiesische Version von Sehnsucht nach Vergangenheit. Alfama, das sind Großmütter, die ihre Wäsche vor der Tür spannen und tagelang darauf warten, dass sie in den Schatten spendenden Gässchen trocknet; sind Blumentöpfe, die Fensterbänke bunter Häuser schmücken; sind schulterhohe Hauseingänge, aus denen Nachbarn die neuesten Gerüchte verbreiten; und schulterbreite Treppenwege, durch die sich Kreuzfahrttouristen zwängen; sind Käfige mit Kanarienvögeln, ist der *amolador*, Scherenschleifer, der sein Werkzeug auf einem Fahrrad das Kopfsteinpflaster bergauf und -ab schiebt und durch Pfeifen auf sich aufmerksam macht; ist der Laden ums Eck, geführt von Nepalesen, Bangladeschern oder Pakistanern, die von Pastis bis Butangas alles beschaffen können; ist die Greisin mit dem Kopftuch, die tagsüber selbst gemachten *ginjinha*, Sauerkirschlikör, verkauft; sind die Fledermäuse, die nachts um die Kathedrale von Sé flattern; sind die Jungs, die unermüdlich und voller Leidenschaft einen Fußball durch die Gässchen schießen; sind die herumlungernden Halbstarken vor dem Boxclub, die Marihuana rauchen und auf Beschäftigung oder Wunder warten; sind die nach Urin stinkenden Ecken und die nach Orangen duftenden Bäume; sind die mafiösen Clans, die hier über Straßenblöcke regieren; sind die *tascas* und *tabernas*, die spottbillig Bier und Wein ausschenken; sind die spontan entstehenden Gerümpelhalden aus Möbeln und anderem Krimskrams; ist der klagende Gesang der *fadistas*, der aus den mit *azulejos* verzierten Gässchen aufsteigt; ist die Ruhe, die einen einholt, je tiefer man in das Labyrinth vordringt; ist das rauchige Aroma gegrillter Sardinen. Wer würde nicht hier wohnen wollen?

»Ein bisschen rustikal«, sagt Senhor Graciano, als er die Tür zum Apartment aufstößt, »dafür mitten im Herzen Alfamas.« Beides stimmt natürlich, wobei »rustikal« liebevoll untertrieben ist. Ich blicke auf die spartanische Einrichtung: eine Matratze und ein Nachtkästchen. Und auf ein Fenster, das sich nicht schließen lässt, da es Teil der eigentlichen Funktion dieser Wohnung ist: Eine abgezweigte Stromleitung hat ihren Weg von der kleinen Gasse nach oben gefunden, verläuft quer über den Fußboden meiner Absteige und führt auf der anderen Seite des Zimmers am hofseitig liegenden Fenster wieder hinab. Dort endet besagtes Kabel in einem Verteilerkasten, der ein Restaurant erhellt. Zufälligerweise jenes von Senhor Graciano, der sich somit nicht nur die Stromrechnung spart, sondern auch meiner Bruchbude ihre Existenzberechtigung gegeben hat: als Durchgang der illegal angezapften Stromleitung. Das ist kein Scherz, das ist Lissabon. Als ich seinen Blick suche, zuckt Senhor Graciano bloß mit den Schultern. »Fünfzig Euro weniger Miete, okay?«, sagt er.

Das Apartment ist leck, muffig, von Silberfischen und Kakerlaken bewohnt und unverschämt teuer. Aber es ist schmuck: mit echtem Holzboden, Stuck an den Decken und den landestypischen *azulejos* an den nackten Wänden. Wie ein Museum. Es ist Liebe auf den ersten Blick, davon halten mich auch die Warnungen meiner Lissabonner Freunde nicht ab. »Gegen Liebe hilft auch keine Vernunft«, das wusste schon der österreichische Lyriker Erich Fried.

Obwohl es keinen schriftlichen Mietvertrag gibt, trete ich mit der alibihalber stattfindenden Schlüsselübergabe sämtliche Rechte ab. Alibihalber, da das Türschloss ohnehin nicht sperrt. Senhor Graciano und ich wissen: Bei etwaigen Streitigkeiten hilft nur das Gesetz der Straße – entweder davonlaufen oder Senhor Graciano aus dem Fenster werfen.

Und spätestens nach der ersten regenreichen Nacht hätte ich wohl einfach das Weite suchen sollen, denn als ich am nächsten Morgen aufwache, ist der Strom weg. Im Badezimmer tröpfelt eine schwarze Suppe von der Decke herunter, und ich begreife: Trotz aller Liebe wird dieser Aufenthalt eine komplizierte Affäre, bei der ich nur verlieren kann. Aber so leicht will ich sie nicht aufgeben, will diese Wohnung erobern.

Zumal Wohnraum in Lissabon rar und hart umkämpft ist. Neben den verbliebenen *lisboetas* entpuppt sich Alfama mittlerweile als ein Viertel, das – so scheint es – exklusiv von Fremden bewohnt wird: Erasmus-Studenten, ausländischen Künstlern, Entrepreneurs, Kreativen und Investoren, die ihrerseits wiederum an ausländische Airbnb-Kunden vermieten. Und nun auch von mir.

Erstaunlicherweise behält das *bairro* seinen Charakter, bleibt jenes abgehalfterte Eck Lissabons, das voller Geschichte und Geschichten steckt. Darum wohne ich gern hier, genieße es, abends durch die vergessenen Gassen abseits der Touristenpfade zu streifen und über schlecht beleuchtete Treppen zu stolpern. Im Unterschied zu früher sind die Mietpreise allerdings so exorbitant hoch, dass sie mit jenen von Berlin oder Wien mithalten können, während das Lohnniveau deutlich niedriger ist. Die Gebäude hingegen, obwohl bewohnt, sehen aus, als ob sich nur noch von Zeit zu Zeit jemand für sie interessieren würde.

In den darauffolgenden Wochen wundere und freue ich mich bei jeder Heimkehr, dass das Haus noch steht und nicht in sich zusammengefallen oder in die Luft geflogen ist, dass meine Wohnung weder ausgeraubt noch von den Behörden versiegelt wurde.

Als nach mehrtägigem Gewitter Wasser von der Glühbirne auf mein Bett tropft, rufe ich Senhor Graciano zu mir. Mit einem Freund, der sich als Architekt ausgibt, inspiziert er die tropfende Fassung, stellt fest, dass das Dach wohl undicht ist und die Decke wahrscheinlich randvoll mit Regenwasser. »Wo ist das Problem?«, fragt der Architektenfreund und beschwichtigt. »Bei uns im Büro ist das auch so. Ist noch nie was passiert.« Senhor Graciano nickt zustimmend. Ist es sein hoffnungsloser Leichtsinn, sein optimistisches Wunschdenken oder sein strategisches Kalkül, das ihm zum Erfolg verhilft? Natürlich brennt kurz nach dem Verschwinden der beiden Gestalten der Sicherungskasten durch. Außerdem entdecke ich Schimmel an den Wänden, rund um die Spüle und hinter den Vorhängen. Im Fußboden brechen ein paar morsche Holzlatten durch. Dennoch will ich nicht ausziehen. Liebe blendet.

Senhor Graciano und ich arrangieren uns – mit List und Anarchie. Immer wenn ich etwas einfordere – Reparaturen, Möbel oder eine weitere Reduktion der Miete aufgrund der Unannehmlichkeiten –, stellt er auf stur, nimmt meine Anrufe nicht entgegen, meldet sich tagelang nicht. Dann ziehe ich sprichwörtlich den Stecker und in seinem Restaurant drei Stockwerke unter mir geht der Strom aus, die Gäste sitzen im Dunkeln und die Küche steht still. Meist dauert es keine zwei Minuten, bis Senhor Graciano bei mir in der Tür aufkreuzt und sich nach dem Stromkabel erkundigt, das ich erst wieder einzustecken und in Ruhe zu lassen verspreche, wenn er meinen Wünschen nachkommt. Es ist eine Hassliebe, die unsere Beziehung begleitet, trotzdem respektieren wir uns wie ebenbürtige Gegner.

So geht das wochen-, ja monatelang hin und her, bis Senhor Graciano zwei Tage vor Weihnachten die Miete abkassiert und mir bei der Gelegenheit mitteilt, dass ich bis Jahresende die Wohnung zu räumen habe. Als Grund nennt er brasilianische Verwandte, die zu Besuch kommen und irgendwo untergebracht werden müssen. Ich frage nicht nach, schlucke und dulde das Ende der gescheiterten Beziehung. Gebe den Kampf verloren. Auch wenn mir der Abschied aus Alfama schwerfällt, ist damit meinem Nervenkostüm geholfen. Dennoch hatte ich diese Affäre gern weitergetrieben, zumindest über den Winter hinaus, wenn der Regen aufhört und sich das Leben vorwiegend draußen abspielt. Dann nämlich hätte es zwischen mir und der Wohnung in meiner kleinen Gasse vielleicht doch richtig ernst werden können.

Feste feiern

Wie lange darf ein Stadtfest dauern? Antwort: Solange es gut ist. Einen Tag etwa, so kennt man das aus Wien. Gern auch ein Wochenende wie in Zürich, Berlin oder etlichen deutschen Kleinstädten von Würzburg bis Ludwigshafen. Fünf Tage lang feiern die Dubliner ihren Saint Patrick, gar sechs Tage die Madrilenen ihren San Isidro. Und in Lissabon, Hauptstadt der eigentlich Introvertierten, der frommen Katholiken und Ex-Langzeit-Diktatur-Geschädigten, die nur schwer aus ihrer Haut können? Exakt dreißig Tage! Den ganzen Juni über verwandelt sich Lissabons Stadtkern in ein Tollhaus. Nachts unruhiger Schlaf, tagsüber Aufräumarbeiten. Nachts Horden von Menschen, die sich vergnügen, tagsüber Horden von Menschen, die durch die Viertel schlendern.

Ein Monat lang Ausnahmezustand zu Ehren der Sardine und eines fragwürdigen Patrons, aber dazu später mehr. Der Juni ist ein Sonderfall, einerseits da die sonst eher zurückhaltenden *lisboetas* aus ihren Schneckenhäusern kommen und für den Rest des Jahres vorfeiern, andererseits weil die sonst omnipräsente *saudade* nicht zu spüren ist. Die schwermütigen Jammerlieder des Fado pausieren vorübergehend, um einem Genre zu weichen, das sich nur ungern als Schlager bezeichnen lässt. Volksfestverblödungslärm passt da schon eher, zur Not auch Musik der Narren: *pimba*. Gute-Laune-Ohrwurm-Melodien, zusammengesetzt aus Synthesizerklängen, die man aus Computerspielen der 1980er-Jahre kennt, und sexuell anrüchigen Texten. *Pimbas* Vorzeigedolm: Quim Barreiros, äußerlich eine Mischung aus einem Goldkettchen tragenden Saddam Hussein und Andreas Gabalier. Ähnlich auch der grausliche Unsinn, der aus seinem Mund sprudelt. Quim Barreiros größter Hit: »*A garagem da vizinha*«, die Garage des Nachbarn. Darin beschallt er die Zuhörer damit, dass er sein Auto am liebsten in der gebrauchten Garage der Nachbarin parkt, wenn ihr Ehemann fort ist. Die sei zwar eng, aber schön. Pessoa, Camões und andere Größen der portugiesischen Literatur müssen sich in ihren Gräbern fremdschämen für die Metaphern ihres Landsmannes.

Auch wenn es wahrscheinlich keinen untypischeren Eindruck von Lissabon gibt als diesen Junizirkus, ist die Stadt zu dieser Zeit dennoch einen Besuch wert, denn so festlich und in Feierlaune bekommt man die Metropole sonst nicht zu sehen. Die zentral gelegenen Viertel Alfama, Graça, Bica und Mouraria werden zu Festungen umfunktioniert, bestehend aus selbst gezimmerten Tischen und Bänken, Schanken und Balkonen. In jedem Stadtteil herrscht ein eigenes Fest, ein *arraial*, samt eigener *pimba* und Latino-Sommerhits, die mal welche waren oder gern sein wollten. Zusammen ergeben diese Kleinfeiern ein großes Ganzes: die Juninächte oder Festas de Lisboa, wie sie offiziell heißen. An jeder Ecke brutzeln Sardinen, von denen Fett auf Kohlefeuer träufelt und ein rauchiges Aroma verbreitet. Bier, Wein, Sangria und gepanschte Cocktails fließen fassweise, und zwischen den Häusern hängen farbenfrohe Girlanden und Lichterketten. Etliche Bewohner erdgeschossiger Wohnungen verdienen sich einen Monat lang ein willkommenes Zubrot: Sie schenken Alkohol und andere Getränke aus, frittieren Fisch- und Fleischkroketten und servieren diese direkt aus dem Fenster oder öffnen ihr Privatbadezimmer, um für den Gang zur Toilette abzukassieren.

In diesem Zeitraum sind nicht nur die Flüge nach Lissabon unverschämt teuer, auch die Zimmerpreise steigen, sofern überhaupt noch Unterkünfte zu finden sind. Museen bieten Spezialausstellungen, Trapezkünstler, Tanzgruppen und andere Artisten zeigen ihr Können, und die Stadtverwaltung organisiert karnevaleske Straßenumzüge, bezahlte Hochzeiten für sechzehn ausgewählte Paare und *concursos*, darunter den mittlerweile zu einer Marke gewordenen »100% Sardine«-Zeichenwettbewerb. Dabei werden weiße Papiersardinen zur Verfügung gestellt, an denen sich vom Kindergartenkind bis zum Kunstabsolventen jeder kreativ austoben darf. Den Gewinnerdesigns winkt nicht nur ein Preisgeld, sondern auch Ruhm und Ehre in Form von Dauerausstellungen bis zum nächsten Jahr und manchmal darüber hinaus. Die bemalten, grafisch oder sonst wie künstlerisch gestalteten Sardinen begegnen Reisenden in Lissabon auch in den restlichen elf Monaten des Jahres an vielen Ecken: in Souvenirläden, Cafés und Restaurants, als Straßendekor oder Werbegeschenk. Ironischerweise sollen die gekürten Sardinen ein Zeichen für Nachhaltigkeit setzen. Der Slogan des letztjährigen Bewerbs: »Nieder mit Kohlenstoff, lang lebe Omega 3.« Wer da mal nicht kreativ wird.

Dabei ist der Sardinenkonsum gerade während der Juninächte ein sensibles Thema. Jedes Jahr streiten Fischer, Meeresbiologen und die Regierung darüber, ob und wie viele Sardinen aus dem Wasser gezogen werden dürfen. Mittlerweile gibt es zwischen Oktober und Mai Fangverbote von Sardinen entlang der Atlantikküste, da sich die Bestände aufgrund von Überfischung nicht erholen können. Zudem setzt die Klimaerwärmung den Sardinen zu, die in kältere Gewässer Richtung Norden ziehen. Ersatz kommt nun aus Frankreich, Großbritannien, Marokko und der Tiefkühltruhe. In Zahlen: 2006 holten Fischer noch über 100 000 Tonnen Sardinen aus dem portugiesischen Teil des Atlantiks. Zehn Jahre später nur noch 22 000 Tonnen. In Absprache mit der EU erreichte die Regierung 2019 eine Fangquote von 5000 Tonnen. Ein Fünftel davon verputzen *lisboetas* und Besucher allein am 13. Juni, dem Höhepunkt der *festas*. An diesem Feiertag wird dem heiligen Antonius mit einer reich geschmückten Prozession durch die Gassen Alfamas gehuldigt, der, Legenden zufolge, für die Genussliebe der Portugiesen zu den Sardinen verantwortlich ist. Während einer erfolglosen Missionierung nahe Rimini soll sich Antonius am Ufer ausgeweint haben. Während er den lieben Gott um Hilfe bat, versammelten sich um ihn herum Fische, die seinen Worten lauschten. Wer würde das nicht als Zeichen des Allmächtigen interpretieren? Darum ließ sich die gesamte Gemeinde schließlich doch vom Heiligen missionieren. Dem Fisch sei Dank.

Zugegeben, die Geschichte hinkt – erstens spielt die Legende in Italien, und zweitens ist recht allgemein von Fischen die Rede, nicht von Sardinen. Der Rest jedoch klingt ganz glaubwürdig, nicht wahr? Antonius, Beschützer der Amputierten, der Tiere, der Alten, der Armen, der Unterdrückten, der Schwangeren, der Liebenden, der Fischer, der Reisenden, der Ernte. Kein Wunder, dass er als Kirchenliebling der *lisboetas* gilt. Dabei ist der heilige Antonius nicht einmal offizieller Schutzpatron von Lissabon, der heißt nämlich Vincenz. Doch im Juni sind Details egal, und hinterher fragt sowieso niemand nach.

Lissabonner Logik

Die Kelten überquerten einst den Tejo, dann die Phönizier, danach die Römer. Ihnen folgten Germanen, Mauren, Asturier. Kaiser Napoleon, General Wellington, Diktator Salazar. Und nun ich.

Zumindest versuche ich den Fluss zu passieren, um von der Südseite der Metropolregion Lissabon, der Halbinsel Setúbal, an das nördliche Ufer, in das Lissabonner Stadtzentrum, zu gelangen. Der Tejo ist ein gewaltiger Fluss. Gewaltig breit. An manchen Stellen sogar bis zu fünfzehn Kilometer. Jedes Jahr ertrinken darin Menschen, die sich angeschickert einbilden, ihn durchschwimmen zu können. Meistens fließt der Tejo ruhig und jadegrün, manchmal stürmisch und schlammfarben. Schwillt der Ozean an, zeigt sich der Fluss wild und grau.

Die Möglichkeiten, ihn zu überqueren, sind begrenzt. Neben zwei ikonischen Brücken, die sich über den Tejo spannen, verbindet der Fährdienst Transtejo Soflusa das Zentrum Lissabons mit vier Kleinstädten auf der gegenüberliegenden Uferseite. Die Boote steuern nach Cacilhas, Montijo, Seixal – und Barreiro, das rund acht Kilometer entfernt liegt. In der Regel dauert die Überfahrt zwanzig Minuten, eine Passage, die das städtische Unternehmen täglich 151-mal in beide Richtungen zurücklegt. Der Landweg über die Brücken bedeutet dreimaliges Umsteigen und eineinhalb Stunden Reisezeit – und wird eine der beiden Brücken gesperrt, versinkt die Stadt in Chaos. »Wir wissen, dass jede Minute kostbar ist«, verkündet Transtejo Soflusa auf seiner Homepage.

Heute ist alles anders. Heute wird gestreikt. Heute stehe ich am Ufer in Barreiro vor einem geschlossenen Gittertor, hinter dem der Tejo stoisch Richtung Atlantik fließt, unbeeindruckt vom Aufruhr am Fährhafen.

Sicher verschanzt hinter einem Glasfenster, sitzt ein einsamer Mensch, der nun eine furchtbare Aufgabe übernehmen muss: sich das Gejammer der Leidtragenden anhören, Passagiere beruhigen, informieren und umleiten. Ich frage, wie lange der Streik andauern wird. »Vielleicht einen Tag«, sagt er zögerlich, »vielleicht auch weniger.« Wir beide wissen, dass seine Lüge strategischer Natur ist, ein Selbstschutz, um den heutigen Tag irgendwie zu überleben.

Außer uns beiden und einigen hilflos Umherirrenden ist auch ein Fernsehteam von »Bom dia Portugal« vor Ort, das Aufnahmen vom verschlossenen Tor macht. Und jeder weiß, wenn Portugals dreieinhalbstündige Nachrichtensendung aufkreuzt, muss es dringlich sein. Neben der neuesten Sommermode, Promi-Neuigkeiten, Horoskopen und den Sportergebnissen wird morgen also der Streik des Fährdienstes im Frühstücksfernsehen zu sehen und somit von nationaler Bedeutung sein. Verständlich, da rund 32 000 Bewohner, die täglich zwischen den Ufern des Tejo pendeln, davon betroffen sind. Arbeiten in Lissabon Downtown, wohnen in Barreiro – aus Kostengründen, sind die Mieten in »Barroklyn«, wie es die *barreirenses* liebevoll nennen, doch um die Hälfte günstiger als auf der anderen Seite des Flusses. Noch. Wenige Bewohner leben dieses Modell auch umgekehrt.

Warum nun der Streik? Die einfache Antwort: wegen sechzig Euro Monatszuschlag, der von den Kapitänen verlangt und von Transtejo Soflusa vor Monaten bereits zugesagt, allerdings nie ausbezahlt wurde. Die komplexe: Die achtzehn streikenden Schiffsführer sind müde ob der vielen Fahrten über den Tejo und erwarten, dass zusätzliche *mestre*, wie sie hier heißen, eingestellt werden. Nur gibt es die »Meister« der Navigation schließlich nicht wie Dachziegel im Baumarkt zu kaufen. Daher das »Schmerzensgeld« von sechzig Euro extra, das von der Gewerkschaft eingefordert wird.

Wegen des andauernden Disputs zwischen Gewerkschaft und Management streicht Transtejo Soflusa bereits seit Monaten Fahrten, manchmal acht pro Tag, manchmal vierzig. Jetzt machen die *mestre* Ernst und streiken einen kompletten Montag lang, 147 Fahrten. Zum Trost der Passagiere fahren sie viermal täglich zwischen Barreiro und Lissabon hin und her.

Damit an diesem Montag jedoch nicht 32 000 Menschen der Arbeit fernbleiben, gibt es eine *oferta*, ein Angebot. Als Plan B kann man es nicht bezeichnen, denn es gibt keinen Plan A. Prinzipiell nicht. *Lisboetas* sind Weltmeister im kurzsichtigen Denken und darin, ein Problem zuerst einmal zu ignorieren und so lange zu umgehen, bis es sich in Luft auflöst. Tritt dieser Fall nicht ein, kommt die Geheimwaffe: Kreativität, gepaart mit viel Improvisation. Wie bei MacGyver. Für die Perfektion des Improvisierens hat das portugiesische Volk sogar ein eigenes Verb geschaffen: *desenrascar*. Auf Deutsch nicht in einem Wort übersetzbar, bedeutet es so viel wie »sich aus der Patsche helfen«, ein Phänomen, dem kein Reisender entgeht und mit dem jeder Portugiese geboren wird.

Dafür gibt es zahlreiche Beispiele. In einem Einkaufszentrum beobachtete ich einmal an einem verregneten Herbsttag eine zu einem See angewachsene Pfütze auf der Innenseite des Eingangs. Passanten rutschten reihenweise darauf aus oder umgingen das Hindernis großräumig. Niemand fühlte sich bemüßigt, das Problem zu lösen – auch nicht der Wachmann, der durch böses Anstarren versuchte, das Wasser zum Trocknen zu bewegen. Schließlich knallte eine Verkäuferin einen Teppich aus ihrem Geschäft auf die Wasserlache, mit dem sich der neue Bodenbelag sofort vollsog.

Das berühmteste Beispiel von *desenrascar* ist wohl Portugals Vorzeigefußballer Cristiano Ronaldo und sein amüsantes wie irritierendes Verhalten im Finale der Europameisterschaft 2016. Ungebeten avancierte er zum Trainer, dirigierte die Mannschaft verletzungsbedingt nicht als Spieler, sondern von der Seitenlinie zum Titel und stellte den eigentlichen Coach Fernando Santos in den Schatten.

Im Fall des Streiks wurde folgende *oferta* ausgearbeitet: Anstelle der Fähre wird ein kostenloser Shuttleservice von zwölf Bussen eingerichtet. Diese fahren allerdings nicht bis nach Lissabon, denn das würde pro Fahrt – egal, welche der beiden Brücken in Anspruch genommen wird – gut neunzig Minuten dauern. Stattdessen bringen die Busse die genervten Passagiere in den Nachbarort Seixal. Von dort überqueren nicht nur die regulären Fähren den Tejo, kurioserweise wird ihre Anzahl durch weitere Schiffe verstärkt, da »mit erhöhtem Andrang« zu rechnen sei und es nicht zu langen Wartezeiten kommen solle. Woher diese zusätzlichen Kapitäne plötzlich kommen, bleibt eines jener ungelösten Rätsel, die sich in den Köpfen der *lisboetas* immer wieder ergeben.

Auf dem Papier mag das natürlich alles praktikabel klingen. In Wahrheit bedeutet es, frei nach dem Lissabonner Prinzip: *uma odisseia*. Eine Odyssee.

Chaos in Barreiro, ausgerechnet in der hochsommerlichen Mittagshitze. Die Luft flirrt. Warten, bis der Bus losfährt. »Wenn er voll ist«, sagt das eigens beorderte Sicherheitspersonal – man sorgt vor, sollten sich die Gemüter doch erhitzen. Wie »voll«, wird nicht näher definiert. Neben mir hat es sich eine stämmige Frau gemütlich gemacht, die zwei Drittel der Sitzbank einnimmt. Geht es nach mir, erfüllt das bereits die Definition. Einen Fächer in ihrer Rechten gegen die Hitze, ein Büchlein in der Linken gegen die Vernunft: Gespräche mit Jesus. Direkt gegenüber von uns sitzen zwei Mädchen, die in ihre Smartphones verliebt sind. Auf den Plätzen daneben eine junge Mutter mit vier Kleinkindern, die abwechselnd und lautstark um eine Spritzpistole streiten und weinen. Im Gang dazwischen perlen den Passagieren bereits die Schweißtropfen auf den Stirnen. Alle schwitzen, auch ich und meine füllige Sitznachbarin, die mir entschuldigende Blicke zuwirft. Entsprechend streng riecht es in dem Backofen auf Rädern. Niemand ist mit dem zufrieden, was ihm das Schicksal bescherte, schreibt José Saramago in seinem Roman »Geschichte der Belagerung von Lissabon«. Ich heute ganz besonders nicht, also füge ich mich in mein Schicksal. Aber es gibt Hoffnung, dass der Bus irgendwann losfährt, und es gibt Viktor Frankl, den Mutmacher, dessen Satz mir einfällt, während wir warten: »Auch der Humor ist eine Waffe der Seele im Kampf um ihre Selbsterhaltung.«

Stöhnen, Raunen, Ächzen. Nach und nach verlassen Fahrgäste den Bus, geben auf, verzichten heute auf ihre Termine in Lissabon. Und auf ihre Arbeit. Langsam beginnt das Blut in manchen Köpfen zu kochen, nicht nur aufgrund der Hitze. Afrikanische und südamerikanische Temperamente übertrumpfen einander darin, hörbar ihren Unmut zu äußern. Dazwischen beschweren sich die ältesten *lisboetas* am lautesten: über den Fahrer, das Wetter, den Streik, die Regierung – und über die junge Mutter, die abwechselnd in ihr Telefon schreit und mit den durchdrehenden Kindern schimpft. Irgendwann bedrängen die Fahrgäste den Busfahrer mit solchem Nachdruck, dass er sich zur Abfahrt erweichen lässt. Kollektives Aufatmen, als der Motor startet und damit auch die Klimaanlage.

Der Fährhafen von Seixal ist mit freiem Auge gut erkennbar, liegt er doch nur wenige Hundert Meter Luftlinie entfernt von Barreiro. Dazwischen erstreckt sich allerdings eine Bucht, lang gezogen wie ein norwegischer Fjord, die tief ins Landesinnere der Halbinsel drängt. Fahrzeit: knapp dreißig Minuten.

In Seixal angekommen, heißt es erneut: warten, bis die Fähre kommt und mit lautem Tuten wieder ablegt. Mit all den Passagieren, die sonst auch nach Lissabon übersetzen – und nun mit der zusätzlichen Belegschaft aus Barreiro an Bord. Die Gemüter beruhigen sich auch während der zwanzigminütigen Fahrt über den Tejo nicht. Schließlich erreichen wir Lissabon. Reisezeit insgesamt: weit über neunzig Minuten.

Warum also nicht gleich ein temporärer Ersatzverkehr mit Bussen zwischen Barreiro und Lissabon? Warum teilt sich Transtejo Soflusa an Streiktagen nicht die Schiffe mit Seixal, das ohnehin nur einen Steinwurf entfernt liegt? Warum keine Wassertaxis? Oder Hubschrauber? Meinetwegen auch dressierte Delfine mit Tragegeschirren? Warum stattdessen diese aberwitzige Infrastrukturposse? Welcher Logik folgen solche Entscheidungen?

Am Dienstag das gleiche Spiel, ebenso am Mittwoch. Nach drei Tagen ist der Generalstreik schließlich vorbei. Ab Donnerstag fahren wieder Boote, wenn auch in dezimierter Anzahl.

Desenrascar. Das Management von Transtejo Soflusa versucht sich aus der Patsche zu helfen, schlägt vor, 26 Euro auf das Gehalt aller Mitarbeiter aufzuschlagen anstelle der geforderten sechzig Euro nur für die Kapitäne. Die Gewerkschaft lehnt ab, beharrt auf der ursprünglichen Abmachung. Umgehend melden sich Gewerkschaften anderer Mitarbeiter desselben Unternehmens zu Wort und drohen mit zusätzlichen Streiks, sollten die sechzig Euro ausbezahlt werden, da in diesem Fall ein Ungleichgewicht zwischen den Gehältern herrschen würde. Gleichzeitig kündigt die Stadt an, zukünftig einen intensiveren Busverkehr zwischen Barreiro und den nächstgelegenen Bahnhöfen anzubieten, um mit dem Zug nach Lissabon zu gelangen.

Die Lehre aus diesen Tagen? Dass es in Lissabon mehr Busfahrer als Kapitäne gibt. Dass diese Stadt nach einer eigenen Logik funktioniert, die für Außenstehende nicht immer ganz nachvollziehbar ist – und irgendwie doch zu einem Ergebnis führt, wenngleich dieses sehr kreativ erreicht wird. Dass es für jedes Problem drei Lösungen gibt: die gute, die schlechte und die portugiesische. Oder, wie eine Freundin aus Lissabon über die Logik ihrer Mitbürger sagt: *»Não lembra ao diabo.«* So verrückt, dass nicht einmal der Teufel selbst darauf käme. In anderen Worten: »Wir kommen ständig mit irgendwelchen Schnapsideen daher, die niemandem sonst einfallen würden.«

Die perfekte Welle

Verdammte Möwen. Ohne vom Fleck zu weichen, stehen sie aufgereiht am Strand von Caparica und starren gebannt auf den Atlantik. Oder vielmehr darauf, was darin passiert. Hunderte stille Zeugen meines Scheiterns. Mit der Linken reibe ich mir das Salz aus den Augen, unter dem rechten Arm schleppe ich ein triefendes Surfbrett aus dem Wasser, lasse es auf den Sand fallen und darauf meinen erschöpften Körper. Ich schnappe nach Luft.

Surfen sei cool, heißt es. Früher ein Sport der Hippies und Rebellen, ist Surfen nun das Gegenteil: Jeder Hipster, der etwas auf sich hält, steht auf dem Brett, und seit 2021 ist es gar olympische Disziplin. Viele surfen, aber die wenigsten beherrschen es.

Surfen sei »wie Zen«, titelte der tonangebende Surf-Blog *The Inertia*. Wenn dieser Sport zur Erleuchtung führen soll, mache ich allerdings etwas falsch: Mir brummt der Schädel wie nach einem Boxkampf, ich fühle mich ausgelaugt, Wasser rinnt aus Ohren und Nase. Was daran spirituell oder meditativ sein soll, leuchtet mir nicht ein. Mir geht es um den Spaß im Meer und ein bisschen ums Ego: Ich will einmal eine Welle reiten.

Dass Lissabons Strände nicht so überlaufen sind wie andernorts, dass es in einem Radius von fünfzig Kilometern um die Hauptstadt herum zahlreiche Küsten gibt und dass das Leben, abgesehen von den Mietpreisen, ein sehr günstiges ist, sind drei Gründe, warum es Surfer aus aller Welt in die portugiesische Metropole zieht – sei es temporär oder um gleich zu bleiben. Lissabons Wellen sind garantiert. Manchmal wirken sie knochenbrecherisch und Furcht einflößend, dann wieder sanft und einladend. Mit dem Atlantik vor der Haustür punktet Lissabon, ähnlich wie auf der anderen Seite des Ozeans Rio de Janeiro. Den großen Unterschied machen allerdings die Temperaturen. In Lissabon traut sich selten jemand ohne Neoprenanzug ins Wasser, denn kalt ist der Atlantik hier immer, auch im Hochsommer.

Die US-amerikanische Zeitschrift *Surfer*, das älteste Magazin der Welt, das sich diesem Sport vollends widmet, nannte Lissabon kürzlich eine der zehn besten Surfstädte – in einem Atemzug mit Rio, Sydney und Honolulu. Kein Wunder: Allein der Weltklassestrand von Comporta, direkt angrenzend an die südlich von Lissabon gelegene Halbinsel Setúbal, ist gut vierzig Kilometer lang und spärlich besucht. Darum reitet Madonna dort gerne ihr Pferd aus und lässt sich dabei fotografieren, um später damit auf Instagram von Portugal zu schwärmen. Guincho, ein beliebter, aber windiger Surfspot direkt hinter Cascais, liegt ebenfalls eine gute Stunde vom Zentrum entfernt. Aber selbst so weit muss niemand fahren, um im Großraum Lissabons wellenzureiten. Carcavelos erreicht man in einer halben Stunde vom Praça do Comércio, downtown Lissabon – das wissen auch die *lisboetas*, darum ist der Strand an Sommerwochenenden und in den Schulferien knackevoll. Ebenso liegt Costa da Caparica – vermutlich Lissabons beliebteste Küste – einen Katzensprung entfernt. Einmal über die rote Brücke und rechts abbiegen, schwups, schon liegt einem das Surferparadies zu Füßen: Dreißig Kilometer Sandstrand mit kräftigen Wellen aus dem Atlantik – für Profis ebenso geeignet wie für Anfänger. Wie mich.

In den vergangenen fünfzehn Jahren habe ich einige der besten Surfstrände der Welt besucht: Bali, Sydney, Kalifornien, Sri Lanka, La Réunion. Nicht ein Mal habe ich mich auf ein Brett gestellt oder vielmehr: es versucht. Immer konnte ich mich irgendwie herauswinden. Nicht aus Angst, sondern aus Desinteresse. Den Zauber dieses Sports habe ich nicht verstanden. Noch nicht! Darum gebe ich ihm eine Chance. Dass ich mich ausgerechnet in Lissabon dieser Herausforderung stelle, hat mehrere Gründe.

Erstens: Richtig, surfen ist cool.

Zweitens: Wer in meinem Alter in Lissabon nicht surft, gilt als Sonderling.

Drittens: Surfen umgibt ein Mythos von Freiheit und Glückseligkeit. Wer will das nicht spüren?

Viertens: Tiago.

Um ehrlich zu sein, kann ich die beiden erstgenannten Gründe guten Gewissens ignorieren – und dass mir Surfen den Traum von Autonomie und Nirvana beschert, kaufe ich nicht. Mein Freund Tiago hingegen animiert mich tatsächlich dazu, aufs Brett zu steigen. Nach wochenlangen Ankündigungen, mir diesen Sport näherzubringen, denen keine Taten folgten, hupt Tiago mich eines Dienstagmorgens im September aus dem Bett: *»Bom dia. Vamos surfar!«*

Ein Blick aus dem Fenster: Nieselregen. Ich ziehe die Decke über den Kopf, aber Tiago drückt so vehement auf die Hupe, dass ich verschlafen nach meiner Badehose greife. Keine Stunde später, eingezwängt in Neopren, mit einem knallroten Brett unterm Arm, Schlaf in den Augen und ohne Frühstück im Magen, ziere ich mich, in den kalten Atlantik zu stürzen, der um uns herumtobt. Gischt sprüht mir ins Gesicht, sie riecht und schmeckt nach Salz. Normalerweise esse ich hier, wie die meisten Besucher, Eiscreme, während ich mich von der Sonne wärmen lasse und die Jungs und Mädels beim Surfen beobachte. Heute ist Caparica beinahe menschenleer, sogar die Rettungsschwimmer haben sich verabschiedet und dafür eine rote Fahne gehisst. Schemenhaft erahne ich die Umrisse einiger *surfistas* im Dunst entlang der weitläufigen Küste. Platz haben alle auf dieser mehrere Quadratkilometer großen Spielwiese: die Ambitionierten, die Angeber, die Anfänger. Jeder ausgestattet mit einem Brett und einer Leine, die wie eine Nabelschnur den Körper an das Mutterschiff bindet. Hinter der Brandung schaukelt einsam ein Fischkutter, umgeben von aufgebrachten Möwen, die um die Wette kreischen, in der Hoffnung, etwas Fisch abzustauben.

Während sich Himmel und Ozean einen Wettkampf um die düstersten Grautöne liefern, beobachte ich Tiago, wie er mit Anmut und Eleganz mit den Wellen tanzt. Federleicht, erhaben, übermenschlich. Vor allem aber: überglücklich. Tiago Machado, Yogi, Musiker, Grafikdesigner und – natürlich – begeisterter Surfer, der die Strände Lissabons genauso gut kennt wie die Lebenslinien seiner Hand. In Höhe und Breite misst Tiago etwa die Hälfte von mir, dafür ist er doppelt so fit wie ich, mindestens. Dennoch: Auch der Surfguru aus Lissabon trägt Neopren, obwohl sein 43-jähriger Körper so unzerstörbar wirkt. Haut wie olivfarbenes Leder überzieht Muskeln und Sehnen, kräftige Arme, stramme Beine, starker Rücken – und ein Grinsen im Gesicht, das sich bis zu den Ohren hochzieht und makellos weiße Zähne zum Vorschein bringt.

»Es ist alles eine Frage des richtigen Zeitpunkts«, schreit der Meister, als ich ins Wasser presche. Ein trockener Satz aus dem Lehrbuch der Küchenpsychologie. »Also«, denke ich, »tu, was Tiago dir vorhin am Strand als Trockenübung gezeigt hat: paddeln, die Welle spüren, Oberkörper hochdrücken, aufspringen und stehen – und dabei möglichst cool aussehen.« Klingt einfach, aber bevor ich die Theorie zu

Ende denken kann, überrollt mich bereits die erste Welle und wirbelt mich durch das Wasser. Nicht wirklich cool. »Waschmaschine«, heißt das im Fachjargon der Surfer. Tiagos Geheimnis ist, was mir fehlt: Lässigkeit. Und jede Menge Binsenweisheiten: »Bloß keine zu hohen Erwartungen«, höre ich ihn rufen, »sonst ist die Frustration genauso groß, wenn dich die Realität einholt.«

Seit rund hundert Jahren surfen die Menschen bereits in und um Lissabon. Die Ursprünge sind nicht ganz eindeutig, aber ein Mann versucht, Klarheit zu schaffen. In ganz Portugal gibt es wohl niemanden, der mehr über diesen Sport und seine Geschichte in dem Land weiß als Tiagos Ex-Boss. Und wie jeder anständige Portugiese, der etwas auf sich hält, heißt auch er João. João Valente. Jahrelang gestaltete Tiago als Grafiker die Seiten für Portugals einziges Surfmagazin.

Surf Portugal wurde 1987 gegründet und 2015 wieder eingestellt. Valente war Mitarbeiter der ersten Stunde und Chefredakteur des Magazins bis zur letzten. Er spricht ruhig, aber laut – und so bestimmt, dass er keine Zweifel zulässt. Kahl geschorener Kopf, breite Schultern, breite Arme, breiter Brustkorb. Den Surfer trägt der 54-Jährige seit Kindheitstagen im Herzen und auch am Leib: Shorts, ein ausgewaschenes Shirt und Flipflops. Valente ist kein Mann, dem man widerspricht, darum lasse ich ihn erzählen. Zum Beispiel seine Version der portugiesischen Surfgeschichte:

Die ersten Schwarz-Weiß-Bilder von Surfern tauchten 1927 auf. An einem Strand nahe Porto zeigen die Aufnahmen, wie junge Männer mit Brettern ins Wasser laufen und dann bäuchlings darauf liegend von den Wellen an den Strand getragen werden. »Das gab es seit den 1930er-Jahren an vielen Ecken entlang der portugiesischen Riviera, auch in Lissabon«, sagt Valente. »Vermutlich haben amerikanische Soldaten, die auf den Azoren stationiert waren, die Bretter ans Festland gebracht.«

Der Surfboom in Portugal trat allerdings später ein. Sein Pionier heißt Pedro Martins de Lima, ein Jazzclub-Gründer, Playboy und Bonvivant, der sein Leben lang mit dem Meer verbunden war. In den späten 1950er-Jahren fuhr er von einem Skiurlaub in Frankreich via Biarritz zurück in seine Heimat Lissabon. An der französischen Atlantikküste beobachtete de Lima ein paar Männer, die surften, und traute seinen Augen nicht. Er kaufte ihnen ein Brett ab und versuchte daheim, diesen seltsamen Sport zu kopieren. Ein ganzes Jahr lang. Erfolglos. Also fuhr er zurück nach Biarritz, traf die Jungs dort an und fragte, was er falsch mache. »Du musst dein Brett wachsen«, sagten sie, »sonst haben deine Füße keinen Halt.« Mit diesem Wissen klappte es, und de Lima sorgte dafür, dass daraus ein bekannter Sport wurde – vorerst allerdings nur innerhalb der Oberschicht Lissabons, denn das Equipment war rar und teuer.

Erst ein gewagter Stunt an Portugals Küste setzte das Land 2011 endgültig auf die Surf-Weltkarte. Extremsurfer Garrett McNamara brach den Weltrekord und ritt »Big Mama«, eine über zwanzig Meter hohe Monsterwelle in der Ortschaft Nazaré, nördlich von Lissabon. Seitdem wurde McNamaras Rekord vor Ort gejagt und 2017 in einem weiteren Spektakel gebrochen. Die Touristenzahlen verdreifachten sich in den vergangenen zehn Jahren in der Kleinstadt.

Heute gibt es an Lissabons Stränden Surfschulen und -kurse an jeder Ecke. Ihre Preise unterbieten sich gegenseitig, denn Surfen als Sport feiert Rekorde – nicht nur weltweit, sondern gerade in Lissabon. »Und es wird weiter explodieren«, meint Valente. »Es wird keinen Zeitpunkt mehr geben, da weniger Surfer im Wasser sind als heute.« Warum, liegt für den Experten auf der Hand: »Surfen ist gesund, es fühlt sich gut an, es macht Spaß, du bist unabhängig, du kannst es jederzeit einplanen, du brichst aus, und du interagierst mit der Natur.«

Für Lissabon bedeutet das in Zukunft jedenfalls mehr Surfer und damit mehr Besucher. Eine europäische Hauptstadt, die am Atlantik liegt und gute Wellen zu bieten hat – das gibt es kein zweites Mal. »Lissabon sollte dieses Privileg nutzen«, meint Valente, »denn der Sport verleiht den Orten, an denen gesurft wird, eine coole Aura.«

Coolness hin oder her, nach einer guten Stunde und vielen vergeblichen Versuchen sitze ich auf dem Brett und schnaufe durch – am Strand. Tiago gesellt sich zu mir. Er freut sich: »Die Wellen sind perfekt.« Aber im Gegensatz zu ihm und all den anderen *surfistas* im Wasser sehne ich mich nicht nach der perfekten Welle, sondern danach, mich wenigstens einmal hochdrücken und eine Welle reiten zu können. Egal, welche.

»Zurück ins Wasser«, befiehlt Meister Tiago grinsend. Ich gehorche. »Fokussieren!«, gibt er mir mit auf den Weg. »Sonst kann es nicht klappen. Du brauchst hundertprozentige Aufmerksamkeit.«

Dutzende Anläufe starte ich an diesem Tag – und scheitere. Jedes Mal lande ich in der »Waschmaschine«, die mich unter Wasser durchschüttelt, bevor mich der statische Auftrieb wieder ausspuckt. Zweimal stößt das Brett dabei gegen meinen Kopf. Aber: Einmal trägt mich die Welle fort, während ich stehe. Wir gleiten, mein Brett und ich. Wenige Sekunden lang vergesse ich alles um mich herum, ist mein Hirn ausgeknipst. Glückshormone durchfluten meinen Körper, irgendetwas in mir drängt zu schreien. »Woohoooo!«, stößt es aus mir heraus. Die geilsten Sekunden des Tages, vielleicht sogar der Woche. Dann ist der Spaß vorbei, mein Ego kurzfristig befriedigt. Es ist ein Rausch, den ich wieder erleben will. Aber man soll aufhören, wenn es am schönsten ist. Darum springe ich ins knietiefe Wasser, klemme mein Brett lässig unter den Arm und wate ans Ufer, als wäre ich gerade unsterblich geworden. Etliche Möwenköpfe folgen meinen Bewegungen. Meine einzigen Zeugen werden niemals jemandem von dieser Heldentat berichten. Sie schweigen, bevor sie kreischend davonfliegen. Vielleicht haben sie doch nur darauf gewartet, dass die Strömung ein paar tote Fische an das Ufer spült.

Miradouros

Fragt man einen *lisboeta*, wie viele Hügel es in Lissabon gibt, wird er oder sie wie aus der Pistole geschossen antworten: Sieben! Versucht die Person jedoch, die Namen aufzuzählen, gerät sie bald ins Stottern und kehrt letztlich zur gleichen Antwort zurück: Sieben.

Einer sagt's, alle plappern's nach. Nicht nur die Bewohner selbst, sondern auch jede Reisebeschreibung spricht von Lissabons sieben Hügeln, die sich nicht an Tatsachen orientieren, sondern an einer Legende. Diese Zahl trifft nämlich auf eine andere Stadt zu: Rom – und selbst dort zweifeln Historiker und Geografen, ob es nicht doch mehr Anhöhen sind. Ob sich der Mythos von Lissabons sieben Hügeln etablierte, weil die Römer selbst diese Geschichte in die Welt setzten, während sie über Olisipo herrschten, wie Lissabon damals hieß, bleibt fraglich.

Vielleicht trägt auch der Lissabonner Mönch Frei Nicolau de Oliveira Schuld daran. In seinem Buch »O livro das grandezas de Lisboa« (»Das Buch der Großartigkeiten Lissabons«) hielt er im 17. Jahrhundert erstmals die magische Zahl fest. Vermutlich weil es dem Mönch passend schien, in Anlehnung an das große Rom, diese Parallele zu ziehen, um der italienischen Weltstadt die Stirn zu bieten. Oder weil er, vom Tejo kommend, schlichtweg nur sieben Hügel zu sehen bekam.

Jedenfalls wird die magische Sieben seitdem weitergetragen. Hundert Jahre später schreibt Johann Heinrich Zedlers in seiner 1738 erschienenen Stadtbeschreibung: »... ist um und auf sieben hohe Berge erbauet.« Selbst Fernando Pessoa, die hauseigene Dichtermarke, beginnt sein Werk »Mein Lissabon« mit dem Satz »Über sieben Hügeln ...«. Bis heute hat sich die Zahl durchgesetzt: Sogar die öffentlichen Verkehrsmittel Lissabons bieten eine Fahrkarte mit dem Namen *7 colinas*, also sieben Hügel, an.

Tatsache ist: Wie viele Hügel es in Wahrheit sind, lässt sich kaum sagen, selbst beim Betrachten einer topografischen Karte nicht. Ab welcher Höhe spricht man von einem Hügel und ab welcher Prominenz von zwei? Bis zu welchem Einzugsgebiet spricht man von Lissabon Stadt und nicht bereits vom Großraum? Und in wie viele Gipfel unterteilt man eine Hügelkette? Niemand in Lissabon führt solche Listen.

Portugals Vorzeigealpinist João Garcia meint, überhaupt nur zwei Hügel in Lissabon als solche bezeichnen zu können: Bairro Alto/Chiado und Mouraria/Alfama. Allerdings treibt sich der *lisboeta* auch regelmäßig auf den Achttausendern der Welt herum, daher sind seine Maßstäbe wohl andere. Das Stadtmuseum spricht von einer »endlosen Geschichte« und »Dutzenden Anhöhen«, das Rathaus will sich auf keine Zahl festlegen, und Historiker Joel Moedas-Miguel glaubt, neun oder zehn auszumachen. Zudem lüftet er das Geheimnis, dass es sich bei den Sieben um die Hügel im traditionellen Stadtkern handelt. Ursprünglich, so der Kenner, wurde Lissabon auf einem Hügel errichtet. Das war jener von São Jorge, auf dem heute noch das Kastell steht, das Lissabon seit jeher beschützte, lange bevor Jesus seine Arme über der Stadt ausbreitete. Je breiter sich Lissabon im Lauf der Zeit ausdehnte, umso mehr Hügel beanspruchte die Stadt.

Egal, ob sieben, siebzehn oder siebzig, etliche Hügel stellen Aussichtspunkte mit Terrassen bereit, die *miradouros*. Diese zu besuchen ist obligatorisch, denn sie eröffnen dem Reisenden einen Ausblick auf beinahe jede Ecke der Stadt – und dieser allein entschädigt für den Aufstieg, berauscht und kühlt zugleich dank der nach Meer riechenden Brise, die dort oben immer weht. An einigen *miradouros* erleichtern Aufzüge, Rolltreppen oder Standseilbahnen die Mühsal nach oben, andere lassen sich nur zu Fuß erklimmen.

Erst aus der Gipfelperspektive offenbart sich dem Beobachter, dass Lissabon ein großes Dorf ist, zusammengesetzt aus Mosaiksteinchen, die im Lauf der Zeit zueinandergefunden haben. Zu Füßen liegt die Stadt, deren Kern – dank Pombal – eine symmetrische Ordnung besitzt und aussieht wie ein Riesenschachbrett, umgeben von einem chaotischen Häusermeer, das sich bis in das Landesinnere ausbreitet. Das Panorama bis zum Expogelände im Osten und bis nach Belém im Westen erlaubt kein *miradouro*, nicht mal an glasklaren Tagen, es lässt sich nur erahnen. Dafür reicht der Blick bis ins flache Umland im Norden, wo Betonklötze und urbane Scheußlichkeiten aus den 1980er-Jahren sich hinter den Hügeln – wie vielen auch immer – verstecken und Viertel hervorgebracht haben, die nie Schönheitspreise gewinnen werden. Im Süden gibt es freie Sicht bis zu den Großraumstädten der Halbinseln auf der gegenüberliegenden Seite, eingekesselt von den zwei Brücken, geteilt vom Tejo, der majestätisch seinen Weg Richtung Atlantik sucht. In weiter Ferne blickt man auf Jesus, der zu jeder Zeit ein Auge aus Beton auf Lissabon wirft. Es sei denn, morgendlicher Tiefnebel in Herbst und Winter schiebt sich zwischen ihn und die Häusermasse, dann ragen nur die Brückenpfeiler und Cristo Rei selbst aus einem weißen Wolkenmeer, als wären sie verloren im Dunstteppich, der über Lissabon liegt. Die Nachbildung des Originals aus Rio de Janeiro wacht seit 1959 über die

Stadt, nachdem Bischöfe gelobten, diese zu errichten, sollte Gott Portugal im Zweiten Weltkrieg verschonen.

Einst galten die *miradouros* als Oasen der Ruhe und Meditation, an denen tagsüber alles stillstand, während sich abends Nachteulen trafen, um zu musizieren, zu trinken und zu feiern. Hin und wieder verirrten sich alte Herren mit Schnauzbärten auf die Aussichtspunkte, die Domino spielten und *medronho*, Obstschnaps, tranken, um dem Verfall der Zeit zu entrinnen. Heute sind sie fest in der Hand der Cocktail-Schlürfer, der Elektrobeats-Jünger und der Selfie-Süchtigen. Sie sind beliebte Treffpunkte für *lisboetas* wie Besucher, um die Ausblicke in alle Himmelsrichtungen zu genießen. Zum Sonnenuntergang etwa in Graça und São Jorge, zum Sonnenaufgang in São Pedro de Alcântara, Santa Luzia und São Vicente oder, dank ihrer Lage, an *miradouros*, die beide Spektakel bieten: Santa Catarina und Rocha Conde de Óbidos.

Um Verwirrung zu stiften, könnte man nun einen Unschuldigen nach der Anzahl der *miradouros* fragen. Viele werden auch auf diese Frage schlichtweg mit »Sieben« antworten. Bei meinem letzten Zählversuch kam ich auf zwanzig, aber selbst hier scheiden sich die Geister, welche Kriterien einen *miradouro* von einem Nicht-*miradouro* unterscheiden, obwohl beide Aussichtspunkte sind. Aber das ist eine andere Geschichte.

Wo auch immer Sie dazu kommen, Ihren Blick auf die Stadt zu werfen, achten Sie auf das Licht, vor allem wenn die Sonne tief steht und ihr Schein warm und golden einfällt. Die Häuser, Paläste, Statuen, Plätze und das Kastell sind nur Zierde, als Silhouette über und entlang der Hügel gezeichnet. Das eigentliche Motiv der Stadt ist der Himmel. Meistens strahlt er in Pastellfarben von Zartrosa bis Hellorange, als wäre Lissabon ein Spielplatz der Sonne, auf dem sie ihre Aura ausbreiten und sich austoben kann. Pessoa nannte sein Lissabon zu Recht »einen gesegneten Landstrich«. Von welcher

Magie der Blick auf diese lichterfüllte Stadt gewesen sein muss, als Seefahrer nach Monaten und Jahren in der unbekannten Ferne hinter den Weltmeeren nach Lissabon zurückkehrten, beschreibt Miguel de Cervantes in »Die Leiden des Persiles und der Sigisimunda« wie folgt: »Land, Land! Oder besser gesagt: Himmel, Himmel! Denn ohne Zweifel sind wir in der Nähe des berühmten Lissabon.«

Da spielt es doch wirklich keine Rolle, wie viele Hügel es in der Stadt des Lichts gibt, oder?

In der Schnellbahn

»*Precisa de ajuda?*«, fragt ein Mitarbeiter von Comboios de Portugal, der Lissabonner Schnellbahn. »Brauchen Sie Hilfe?« Dankend nehme ich sein Angebot an, da mich der Fortschritt überfordert. Es gilt, einen Fahrschein zu kaufen, eine lösbare Aufgabe, eigentlich. Doch der Mensch denkt, der Automat lenkt.

Der Mitarbeiter, ein Mann Mitte vierzig mit Hipstervollbart bis zur Brust und Sturmfrisur, eilt zu meiner Rettung, denn hinter mir wartet bereits eine Schlange von Passagieren, die mir durch Geschnaufe und Geräuspere auf mehr oder weniger subtile Weise mitteilt, dass sogar die Portugiesen eine Toleranzgrenze für Geduld kennen.

Drei geschickte Fingerberührungen und zwei eingeworfene Münzen später spuckt der Automat mein Ticket aus. Unter der ergrauten Gesichtsbehaarung lächelt ein zufriedener Mund, wissend, gerade einen Tumult vermieden zu haben. Ich bedanke und verabschiede mich, ehe ich keine Viertelstunde später demselben Vollbart erneut begegne. In der fahrenden Schnellbahn bittet er um die Fahrscheine. Als er mich erkennt, lächelt der Kontrolleur freundlich – bis zu dem Moment, als er mein Ticket inspiziert.

»Ungültig«, sagt er mit der Miene eines Internatsdirektors.

Ich blicke ihn verdutzt an. »*Impossível!* Sie waren doch dabei, als ich die Fahrkarte gekauft habe.«

»Das ist richtig«, sagt er. »*Mas este bilhete não foi validado.*« Ich verstehe zwar den Satz, seinen Inhalt aber nicht. Diese Karte wurde nicht entwertet?

»Bei der nächsten Station aussteigen, bitte.«

Und so verlassen wir am nächsten Halt gemeinsam die Schnellbahn. Der sorgsame Schaffner führt mich zum Eingang des Bahnhofs, wo die Tickets verkauft werden, um mir einen kleinen, grünen Kasten zu zeigen, direkt neben dem Fahrkartenautomaten. Nun dämmert's auch mir.

»Immer die Fahrkarte entwerten«, sagt er mit erhobenem Zeigefinger. »Sonst kostet Ihr Ticket beim nächsten Mal das Hundertfache von dem, was Sie bezahlt haben. Als Strafe.«

»Und warum haben Sie mir das nicht gleich beim Ticketkauf gezeigt?«

»Um Ihnen eine Lehre zu erteilen. Nun merken Sie sich das für den Rest Ihres Lebens.«

Dass er für diese persönliche Lehrstunde eine Schnellbahn voller Passagiere warten lässt, spielt für den Oberlehrer keine Rolle. Für die Fahrgäste allerdings schon. Als wir in den Waggon zurückkehren, der Schaffner dem Fahrer das Signal zur Abfahrt gibt und sich die Türen schließen, ernte ich böse Blicke meiner Mitmenschen – zum zweiten Mal heute. *Estrangeiro*, murmle ich zu meiner Verteidigung, aber die »Ausländer«-Karte nützt nichts. Wie ein begossener Pudel setze ich mich auf einen freien Platz und warte auf meine Station, um der Scham zu entkommen.

Pessoa vs. Camões

Zum Duell der Poesie treffen sich die Herren Pessoa und Camões nicht, so viel vorweg. Nicht nur, weil beide bereits unter portugiesischer Erde liegen, ironischerweise gar unter dem gleichen Dach, nämlich jenem des Hieronymitenklosters im Lissabonner Stadtteil Belém. Es wäre auch zu Lebzeiten zu keinem Dichterwettstreit gekommen. Fernando Pessoa (1888–1935), Lissabons bekanntester Literat, wurde rund dreihundert Jahre nach dem Ableben von Lissabons größtem Stadtpoeten, Luís de Camões (1524/25–1580), geboren. Der literarische Schatten beider Männer liegt über der Hauptstadt – in einem ungleichen Verhältnis, das sich vor allem im Stadtbild zeigt.

Mindestens fünfmal so oft blickt der nachdenkliche Pessoa von Souvenirs, Broschüren und Wandbildern, vielleicht sogar fünfzigmal so häufig – wer zählt schon nach? Und Pessoa selbst würde sich vermutlich im Grab umdrehen, wenn er wüsste, wofür sein Antlitz herhalten muss, das so zum literarischen Gesicht Lissabons für die Außenwelt wurde: Kaffeetassen, Socken und Pappfiguren. Eine Kommerzialisierung zum Verzweifeln, eine Barbarei. Seine Präsenz ist allgegenwärtig. Ihm zu Ehren gibt es ein Museum, das Casa Fernando

Pessoa. Dort verbrachte er die letzten fünfzehn Jahre seines Lebens, bevor er 1935 einer Leberzirrhose erlag. Ein Hotel trägt seinen Namen, ebenso zwei Gästehäuser, ja, sogar eine der Fähren, die täglich den Tejo überqueren. Und vor dem Café A Brasileira in der Rua Garrett liest er stolz, in Bronze gegossen, Zeitung – sehr zum Vergnügen der Passanten und Besucher, die sich mit dem Stadtdichter ablichten lassen.

Noch kurioser würdigt ihn das Café Martinho da Arcada, gelegen unter den Arkaden der Prachtbauten am Praça do Comércio. Dort wird Pessoas Stammplatz bis heute frei gehalten, als ob der Dichter jederzeit vorbeikäme, um sein altbewährtes Gläschen Absinth zu kippen.

Luís de Camões hingegen hat einen eigenen Platz samt Statue in Lissabon erhalten, von dessen Sockel er – Ironie oder Zufall – auf das Café A Brasileira und somit auf seinen Kontrahenten Fernando Pessoa herabblickt. Zudem wurde eine Schule nach Camões benannt, ein Theater, eine Straße, ein Sprachinstitut, eine Konzerthalle, mehrere Restaurants und Pensionen. Camões sieht der Reisende selten, sofern er das Gesicht des Einäugigen überhaupt erkennt.

Interessanter Vergleich am Rande: Nach Portugals einzigem Literaturnobelpreisträger, José Saramago, wurde nur eine unbedeutende Straße in einem Lissabonner Außenbezirk benannt, dennoch krönt der Name des 2010 verstorbenen Autors das Gebäude mit der spektakulärsten Außenfassade der Stadt. Die Fundação José Saramago, eine Stiftung zu Ehren des Literaten, befindet sich in der Innenstadt im sogenannten Casa dos Bicos, dem Haus der Stacheln, deren facettierte Spitzsteine auf den ersten Blick eher davon abhalten, das Gebäude betreten zu wollen – dabei lohnt sich ein Besuch darin allemal, will man das umfangreiche Gesamtwerk Saramagos begutachten.

Zurück zu den Platzhirschen: Vergessen wir für einen Augenblick die Popularität der Dichter und sehen uns die beiden Herren etwas näher an. Die Frage, wer besser war, stellt sich nicht, denn einem Fußballfan mit Vernunft käme es ebenso wenig in den Sinn, Cristiano Ronaldos Qualitäten mit jenen von Portugals Legende Eusébio zu vergleichen. Zumal dreihundert Jahre zwischen Pessoa und Camões liegen, in denen sich Sprache, Literatur und die Welt verändert haben. Außerdem hat Pessoa auch auf Englisch publiziert. Seinen Ruhm hat er nicht zuletzt also der Tatsache zu verdanken, dass seine Texte in alle Herrgottssprachen übersetzt werden konnten – und in diesen Fremdsprachen auch wirken.

Pessoas Meisterwerk »Buch der Unruhe« gilt heute als internationaler Bestseller. Einerseits weil seine Intensität und seine Düsterkeit in andere Sprachen übertragbar waren. Andererseits weil der Autor zur Zeit der Veröffentlichung die Stimmung einer ganzen Nation widerspiegelte: eine zwischen Aufbruch und Melancholie – oder frei nach Pessoa: die tragische Belanglosigkeit des Lebens. Denn die Fragmente für das Kultbuch befanden sich in Pessoas 35 000 Seiten starkem Nachlass, der 47 Jahre nach seinem Tod gefunden wurde, kurz nach der Nelkenrevolution. Das Werk, in dem sich eines von Pessoas Heteronymen in teils verstörenden Bildern den Schmerz von der Seele schreibt, sich über sein ereignisloses Leben auslässt, wurde erst 1982 in Portugal publiziert und bald darauf in viele Sprachen übersetzt. Mit Sicherheit setzte das »Buch der Unruhe« Lissabon als Literaturstadt auf die Weltkarte.

Einer der bedeutendsten Lissabonner Schriftsteller zeitgenössischer Literatur, Antonio Lobo Antunes, drückte sich in einem Interview mit der spanischen Tageszeitung *El País* weniger diplomatisch zu diesem Thema aus. Als offensichtlicher Kritiker Pessoas nannte er seine Poesie ein Plagiat, das sich der Autor von Walt Whitman abgeschaut habe, und sagte, dass ihn das »Buch der Unruhe« zu Tode langweile. Zudem frage er sich, ob ein Schriftsteller überhaupt gut sein könne, wenn er »noch nie gevögelt hat« – womit er auf Pessoas Einsamkeit anspielte. Antunes, bekannt dafür, ein Lästerer zu sein, versuchte später auch den Ruhm seines Landsmannes José Saramago zu schmälern, indem er behauptete, dass der Nobelpreis einen Scheißdreck wert sei. Nur über Camões verliert Antunes kein böses Wort.

Camões' Lyrik, die er ausschließlich auf Portugiesisch schrieb, wurde ebenso in anderen Sprachen veröffentlicht. Da bei der Übersetzung jedoch Eloquenz und Kunst verloren gehen, funktionieren seine Werke nur auf Portugiesisch. Camões' Gedichte sind wie Musik, seine Reime folgen einer Melodie, die in der Übertragung zu einer anderen Gattung werden. Als ob sich eine klassische Symphonie in einen Technodrill verwandelt. Der Inhalt bleibt gleich, die Bedeutung kommt an, die Töne aber klingen falsch. Bestes Beispiel dafür ist Camões' Epos »Os Lusíadas« (»Die Lusiaden«) von 1572. Er unterteilte das Buch in Gesänge (Kapitel) und Strophen (Abschnitte), wobei jede Strophe ein gereimter Achtzeiler ist. Unmöglich zu übersetzen und dabei die Reime beizubehalten, die den gleichen Klang seiner Poesie vermitteln. Camões' Lusiaden wurden weltberühmt, allerdings nur in *o mundo lusófono*, also dem portugiesischsprachigen Teil der Welt. Ein Exemplar der Erstausgabe dieser heimlichen Bibel Portugals führt die 116 000 Bände umfassende Bibliothek der Academia das Ciências de Lisboa.

Das Heldenepos erzählt die Geschichte von Vasco da Gamas Suche nach dem Seeweg nach Indien. Auf ihrer Reise leisten der portugiesische *descobridor,* Entdecker, und seine Begleiter oftmals Widerstand gegen allerlei Angriffe, Fabelwesen und Unwetter, ehe sie, das wissen wir aus der Geschichte, in Indien landen und damit eine neue Handelsroute entdeckt haben. Zudem erzählen unterschiedliche Protagonisten, von da Gama selbst bis zur Meeresgöttin Tethys, einen Abriss der Geschichte des portugiesischen Königreiches, von den Anfängen der Besiedlung bis zur Rückkehr da Gamas nach Lissabon.

Anfangs wurde Camões' Werk missachtet, gar verspottet, nach seinem Tod dann aber als Meisterstück gepriesen. Allein schon deshalb, weil es dem Selbstwertgefühl der Portugiesen schmeichelte, einer Nation, die während der Entstehungszeit dieses Werkes in der Blüte ihrer Weltmacht stand, der goldenen Ära der Entdeckungen und Kolonialisierung. Kein Wunder also, dass ausgerechnet diese patriotische Schrift als Nationalepos der Portugiesen gefeiert wird – dass sie bei ihrem Vorgehen Andersgläubige niedergemetzelt haben, stört zu diesem Zeitpunkt niemanden. Die Lusiaden sind ein Lobgesang auf diese für die Portugiesen so wichtige Epoche, verpackt in Poesie. Eine Erfolgsgeschichte von tapferen Helden und sprechenden Gottheiten, die ganz viel *saudade* erzeugt, nach der sich Portugal spätestens seit dem diktatorischen Salazar-Regime zurücksehnt – und durch die sich heute jedes portugiesische Kinderhirn in der Schule quälen muss. Denn die Lusiaden, also die Nachkommen des Gottessohnes Lusus – in der römischen Mythologie der Gründer jenes Gebietes, das später zum Königreich Portugal wurde –, sind die Portugiesen selbst. Und in Camões' Buch sind sie die Gefeierten, die Helden, die Unverwüstbaren. Darum Camões' famoser Beiname: der Große, der Unsterbliche, der Eine.

Vielleicht ist der andere, Pessoa, so allgegenwärtig, weil er nicht nur eine Person war, sondern gleich 72 verschiedene Charaktere verkörperte. Sein Name selbst übersetzt sich aus dem Portugiesischen als »Person«, aber auch als »Maske«, »Fiktion« und »Niemand«. In Form von Heteronymen und Pseudonymen veröffentlichte der Dichter seine zahlreichen Geschichten als Spiegelwelten. Allein dieser Zugang machte ihn besonders und einzigartig. Oder zumindest multipolar. In seinen Texten, die irgendwo zwischen Traum und Wirklichkeit stattfinden, unterhalten sich oftmals mehrere seiner

Heteronyme miteinander, ein Zwiegespräch unter den Pessoas.

Genie oder Spinner? Vermutlich beides. Und das eint die Kontrahenten auch. Beide Kinder Lissabons waren dem Leben verfallen. Beide starben einsam und arm. Beide waren zunächst Gescheiterte und wurden erst posthum berühmt.

Pessoa, in Lissabon geboren, geht in Südafrika zur Schule, bevor es ihn mit siebzehn in seine Heimatstadt zurückzieht. Entfremdet davon, versucht er sich durch niedergeschriebene Sprache wieder in das Lissabon seiner Kindheit zu versetzen. Er durchstreift die Stadt, die er beispiellos liebt und die ihn beflügelt, schreibt Gedichte darüber, findet keinen Verleger, trinkt stattdessen – und leidet unter seiner Unsicherheit. Er flüchtet sich in andere Personen, schreibt ihre Leben in Heteronymen nieder, um die typischen Charakterzüge der Portugiesen wiederzugeben: Geschichten über ihre *saudade*, von Sehnsucht und Wehmut an die guten alten Zeiten Lissabons und der einstigen Weltmacht. Verlegt wird er trotzdem nicht. Seine Trauer ertränkt er in immer mehr Alkohol. Sein Leben endet jung, mit 47 Jahren, ohne Geld und ohne Liebe. Aber Pessoa lässt Tausende Dokumente zurück, die ihn posthum zum Nationaldichter Portugals machen.

Luis de Camões, geboren in eine arme Familie, kehrt nach dem Studium in Coimbra nach Lissabon zurück. In den Tavernen der Stadt macht er sich vor allem als Frauenheld einen Namen, der keine Gelegenheit auslässt, die sich ihm bietet. In Ungnade fällt er erst, als er mit der Schwester des Königs ein Verhältnis beginnt und dieser ihn aus der Stadt verbannt. Camões zieht freiwillig in den Krieg gegen Marokko, verliert dort sein rechtes Auge und kehrt nach Lissabon zurück, gerade lange genug, um wieder den König zu verärgern, dessen Diener er in einem Streit angeblich verletzt. Nächste Station: Ostindien. Abermals als Soldat nimmt er an mehreren Expeditionen teil, bevor er ein satirisches

Gedicht über die mangelhafte Verwaltung Indiens veröffentlicht und daraufhin noch weiter in den Osten, nach Macau, verbannt wird. In den fünf Jahren an der chinesischen Küste vollendet Camões seine Lusiaden. Auf dem Rückweg nach Goa kentert das Schiff, Camões ertrinkt beinahe – und mit ihm sein Werk. Die nächsten Jahre verbringt er entweder im Gefängnis in Malakka oder in Armut in Mosambik, bevor er 1570 nach Lissabon zurückkehrt und zwei Jahre später seinen einzigen Besitz, »Os Lusíadas«, veröffentlicht. Diesen, so will es die Legende, trägt er Sebastian I. persönlich vor, jenem König, der den Dichter Jahre zuvor aus Lissabon verbannt hatte. Historiker munkeln, dass der König jetzt etwas Besonderes in Camões sah – nicht nur, weil er ihm erlaubte, ein Werk zu veröffentlichen, das neben Heldengeschichten ebenso heidnische und sexuelle Inhalte hatte, sondern auch, weil er ihm als Verdienst eine königliche Pension zugestand. Sieben Jahre später stirbt Camões an den Folgen der Pest. Die einen vermuten, als Bohemien, sein Nachruf meint, er war völlig verarmt, vereinsamt und verhungert. Verscharrt wird er in einem Massengrab. Bald darauf entdecken seine Landsleute den Wert der Lusiaden und vergöttern den Verkannten. Fortan wird Portugals Nationalfeiertag auf Camões' Sterbedatum gelegt, den 10. Juni. Selbst Pessoa zollte seinem Mitstreiter gebührenden Respekt und nannte Camões einmal »den großen epischen Dichter«.

Pessoa ist stadtbekannt und bei den Touristen sehr beliebt, Camões hingegen gehören die Herzen der *lisboetas*. Auf der einen Seite der Depressive, der Schüchterne, der Daheimgebliebene. Auf der anderen Seite der Abenteurer, der Frauenheld, der Störenfried. Während der eine omnipräsent ist, gilt der andere als der eigentliche Held. Der ewig Deprimierte ist nun der Gefeierte – und der ehemals Laute ist nun der Stille. Sie könnten nicht unterschiedlicher sein. Und doch gehören sie untrennbar zu Lissabon.

Este

Während eines samstägigen Spaziergangs begegne ich zufällig einem alten Bekannten in den Gassen Alfamas. Converse-Sneakers, Jeans, ausgewaschenes Shirt. Die Haare zerzaust, ein Blick wie der eines geprügelten Hundes.

»Wie geht's dir, Zoltan?«, frage ich.

»Ach herrje, meine Schlüssel sind weg, ich habe keine Kohle, und ich brauche dringend eine Zigarette. Außerdem bin ich gerade erst aufgestanden.«

»Ist ja auch gerade einmal 14 Uhr. Wurde wohl etwas später gestern?«

»Hmm, ich gehe jetzt den Schaden in der Bar begutachten.«

»Was ist denn passiert: Wasserrohrbruch? Feuer? Randale?«

»Nein, bloß Freitagabend. Und davor muss ich noch Zitronen einkaufen.«

»Zoltan, ich würde gern meine Rechnung von letzter Woche begleichen.«

»Verpiss dich. Ich will dein verdammtes Geld nicht.«

»Okay, ist ja gut, aber meinst du nicht …? Schließlich ist es deine Bar …?«

»Na gut, hast ja recht. Wie viele Getränke hattest du?«

»Ich weiß nicht so genau. Ein paar Gläser Pastis und das eine oder andere Bier.«

»Wie viele davon hast du selbst gezapft?«

»Schwer zu sagen.«

»Na gut, sagen wir 15,70 Euro.«

»15,70 Euro, wie kommst du denn auf so einen seltsamen Betrag?«

»Ehrlichkeitsbonus. Ach, zahl doch, was du willst.«

»Hör mal, ich geb dir einen Zwanziger, okay?«

»Ist gut.«

»Also, dann bis heute Abend.«

Dass die coolste Bar Alfamas ausgerechnet die eine ist, in der kein Fado gesungen wird, mag überraschend klingen. Doch mitten in der Touristenhochburg liegt das Este – der Name ist ein Wortspiel: Portugiesisch für »Osten«, Ungarisch für »Abend« –, das dem Mangel an Lissabonner Nostalgiemusik zum Trotz ein urtypisch portugiesisches Lokal ist. Zu verdanken ist das seinem Besitzer.

Zoltan Urbancsek stammt aus Budapest und ist somit kein waschechter *lisboeta*. Einst als Erasmus-Student hier, kehrte der heute 33-Jährige später mit gebrochenem Herzen aus Ungarn zurück nach Lissabon und blieb. Das war vor sieben Jahren. Oder acht – so genau weiß das Zoltan nicht mehr. In dieser Zeit verschluckte Lissabon den Ungarn und spuckte ihn mit einer portugiesischen Seele wieder aus. »Wir teilen eine ähnliche Kultur«, sagt Zoltan, »das erleichterte den Verwandlungsprozess.« Seine Bar, das Este in Alfama, ist eine Verkörperung von Lissabons Weltbild im Kleinformat: ein Ort ohne erkennbares System, der trotzdem – oder gerade deshalb – immer gemütlich ist. Mit fröhlichen Gesichtern, die gute Laune verbreiten, starken Drinks und einem Barmann mit tiefschwarzem, urkomischem Humor.

Das Este ist ein drei mal zwei Quadratmeter winziger Schuppen, der zum Bersten voll ist, sobald mehr als zehn Personen darin verweilen. Und weil es nur zwei Tischchen und so wenig Platz zum Entfalten gibt, spielt sich alles außerhalb des Lokals ab, auf dem Pflastersteingehweg davor – im Schein einer roten Glühbirne. Denn anders als andernorts gehört dieser Straßenabschnitt zur Kneipe dazu. Halblegal, versteht sich. Zoltan rollt einen roten Teppich aus, auf dem die Gäste Platz nehmen, sich an die Hauswand oder an die Poller lehnen, die die Fahrbahn vom Gehweg trennen, und in Alfamas Nachthimmel glotzen, oftmals bekifft oder betrunken – oder beides. Währenddessen spielt Zoltan von Bob Dylan und Jimi Hendrix über Neil Young und Shuggie Otis bis Frank Zappa und den Doobie Brothers alles an Lieblingsliedern auf, seinen und meinen. Musik, mit so viel Liebe ausgewählt, dass man sich fragt, ob Zoltan zuerst die Titel im Kopf hatte und dann die Idee, ein Lokal zu übernehmen.

Zoltan ist Star und Boss im Este – und sein einziger Mitarbeiter. In Personalunion entscheidet er nicht nur über Musik, Getränkekarte (wenn es denn eine gäbe) und Öffnungszeiten (es gibt de facto keine), sondern auch über den Putzplan der Rumpelkammer mit Dachschräge, die er Toilette nennt und in der jeder über 1,50 Meter Körpergröße den Kopf einziehen muss. Vor allem aber gehen von ihm Atmosphäre, Benimmregeln und Umgangston der Kneipe aus – und das Interieur, das an die Stube einer ungarischen Großmutter erinnert: ein Wecker, Kitschvasen, Zimmerpflanzen, eine Registrierkasse, eine einsame Discokugel, Brettspiele, ein Flachbildschirm, auf dem der Schriftzug blinkt: »Keine Verbindung zum Wi-Fi.«

Das Este fühlt sich an wie ein Wohnzimmer, und Zoltan ist die gute Seele, die dafür sorgt, dass man sich so fühlt, als gehöre man zur Familie. Manchmal, zu späterer Stunde, wenn Alfama schlafen geht, lässt er den Rollladen herunter.

Und dann hängt alles davon ab, auf welcher Seite des Gitters man steht. Ist man auf dem Teppich außerhalb versumpert, gibt es keinen Weg mehr hinein. Hat man es bis dahin nicht geschafft, sich nach draußen zu flüchten, erlebt man die eigentliche Party der oftmals unfreiwillig Auserwählten. Dann erreichen einen Joints und Drinks, ohne dass man so recht weiß, woher. Wer will, bedient sich an der Bar. Es wird musiziert und gesungen, getanzt und gefeiert, bis Zoltan – Stunden später – irgendein Ruf der Vernunft ereilt und er den Rollladen hochschiebt. Spätestens dann sollte man aber wirklich heimgehen, denn sonst wird das Wohn- zum Schlaf- und Frühstückszimmer. Wie viele Gehirnzellen und Nächte ich bei Zoltan auf diesem Weg verschlissen habe, bleibt wohl ein ungelöstes Rätsel. Aber so viel steht fest: Jede einzelne war es wert.

Im Este geht es trotz bunt sortierter Flaschenwand weder um schicke Drinks noch darum, dass Zoltan Geld damit verdient. Dazu fällt mir ein Satz des Lissabonner Dramatikers und Schriftstellers Mário de Carvalho ein. In seinem Roman »Wir sollten mal drüber reden« schreibt er: »Der sozietäre Zweck war nicht der Gewinn, sondern der Zeitvertreib.« Ein Prinzip, das auch für das Este gilt – und trotzdem entgeht das Lokal irgendwie dem Bankrott, denn das System funktioniert. Jeder Gast legt Geld auf die Theke, egal, was er konsumiert und wie viel es eigentlich kostet. Und manchmal, in den früheren Abendstunden, bevor der Wahnsinn überhandnimmt, gibt Zoltan sogar Preise vor. Sofern er überhaupt anwesend ist.

Als ich an diesem Abend ins Este komme – die Tür offen, aus den Boxen spielt »Oh! Sweet Nothing« von Velvet Underground, drinnen Gäste, draußen Gäste –, fehlt von Zoltan jede Spur. Einige warten auf Getränke, andere wollen zahlen. Es gibt nur zwei Möglichkeiten: hoffen, dass Zoltan kommt, oder selber zapfen. Viele Anwesende entscheiden sich für

Zweiteres, werfen dementsprechend Münzen in einen Becher auf der Theke. Nach einer Weile trudelt Zoltan gemütlich ein.

»Wo warst du?«, frage ich.

»Kann man denn seine Bar nicht mal dreißig Minuten allein lassen?«

»Klar kannst du, aber wo warst du?«

»Bloß spazieren.«

»Um ein Uhr nachts?«

»Da ist Alfama am schönsten.«

Im Eisenwarenhandel

In einem Eisenwarenhandel erwerbe ich eine Duschkopfhalterung für 6,98 Euro. »Topqualität«, versichert mir der Verkäufer über das einzige Modell, das der Mittvierziger mit Militärhaarschnitt und mächtigem Schnauzbart führt. »Etwas ganz Besonderes! Ganz einfach an der Wand zu befestigen, eine Schraube reicht.«

»Topqualität«, murmle ich. *Made in Spain*, steht auf der Verpackung, und wie jedes portugiesische Kind bereits in der Schule lernt, weiß man: *De Espanha, nem bom vento, nem bom casamento.* Aus dem Nachbarland kommt nichts Gutes: weder Wind noch Ehen. Dafür vielleicht Duschkopfhalterungen.

Ich überreiche ihm einen Zehneuroschein. Er brummelt etwas Unverständliches, fischt einige Münzen aus seiner Kasse, verschwindet im hinteren Teil seines Ladens, wo ein opulentes Sammelsurium an Werkzeugen, Wasserhähnen, Beschlägen, Klingen und Ketten die Wände belagert. Unter manchen hängen vergilbte Kärtchen, die Preise in Escudos zeigen, Portugals Währung vor der Einführung des Euro. Er kramt in einer Schachtel, kommt zurück zur Verkaufstheke. Mit einem Lächeln unterm Schnauzer drückt er mir 2,02 Euro

Wechselgeld und zwei ungleiche Schrauben samt Dübel in die Hand.

»Ich wollte keine Schrauben«, sage ich.

»Ich habe keinen Euro mehr«, sagt er. »Dafür gebe ich dir zwei Schrauben. Für die Installation.«

»Dazu brauche ich doch nur eine«, antworte ich.

»Ersatz!«, sagt er. »Brauchst du einen Bohrer? Ich könnte dir einen geben.«

»Nein, vielen Dank!«

»Dann komm morgen wieder, und ich gebe dir deinen Euro. Oder du lässt einen Schlüssel nachmachen. Kostet 2,50 Euro. Für dich dann einen weniger.«

»*Fica bem*«, sage ich, »passt schon.« Ich lächle, um meinen Gefallen an dem Basarverhalten zum Ausdruck zu bringen, und verlasse den Laden. Zu Hause bemerke ich, dass beide Schrauben zu kurz sind, die Duschkopfhalterung aus billigem Plastik besteht. Was darf Satire?

Am nächsten Tag suche ich erneut den Laden auf. Einerseits brauche ich tatsächlich ein Duplikat meines Wohnungsschlüssels, andererseits möchte ich wissen, ob der Verkäufer Wort hält. Zudem ist sein Geschäft ums Eck. An den fehlenden Euro erinnert er sich nicht mehr. Die Kopie macht er dennoch, wenngleich stümperhaft.

Denn beim Versuch, meine Tür zu öffnen, muss ich feststellen, dass das Duplikat nicht sperrt. Zwar gleitet der Schlüssel ins Schloss, drehen kann ich ihn jedoch nicht. Umgehend eile ich in das Geschäft zurück, wo mich der Verkäufer mit einem herzlichen Lächeln empfängt. Der Dialog verspricht grotesk zu werden.

»Funktioniert nicht, oder?«, fragt er.

»Nein«, antworte ich mit mittlerweile gereizter Miene.

»Dachte ich mir schon.«

Mein Gegenüber scheint mit reichlich Humor ausgestattet. Lieber wäre er wohl Komiker geworden. Ich will grinsen, aber zum Lachen ist mir nicht. Über seine zufriedene Gleichgültigkeit muss ich staunen, gleichzeitig macht sie mich ungeduldigen Mitteleuropäer rasend. Erst das leere Versprechen, dann pfuscht er mit der Arbeit und schiebt nun obendrein noch Sprüche. Warum hundert Prozent anstreben, wenn sechzig auch zur Zufriedenheit reichen? Sieht aus wie ein Schlüssel, fühlt sich auch so an, bloß sperren will er nicht. In der Beschreibung »schlechter Service« wäre wohl mindestens eines der beiden Wörter gelogen. Der Schnauzer schleift erneut und überreicht mir mit triumphierender Geste die Schlüsselkopie. Diesmal klappt es.

Auf der dringenden Suche nach Batterien betrete ich sechs Wochen später erneut seinen Laden. Er begrüßt mich überschwänglich per Handschlag, als wären wir alte Freunde, die einander seit Kindertagen kennen. Imponiert und herzerwärmt ob seiner Geste, frage ich nach den Batterien. Sie kosten 6,90 Euro. In meiner Hosentasche krame ich nach Münzen, ziehe insgesamt sechs Euro hervor.

»*Fica bem*«, sagt der Verkäufer zu meiner Überraschung. »Passt schon. Ich schulde dir ohnehin noch einen Euro.«

Revolução!

Als zwanzig Minuten nach Mitternacht das Lied »Grândola, Vila Morena« im Radio erklingt, ahnen die Bewohner Lissabons nicht, dass kurz darauf Soldaten auf die Straßen ziehen werden, um die 48 Jahre andauernde Diktatur zu zerschlagen.

Terra da fraternidade
Grândola, Vila Morena
Em cada rosto igualdade
O povo é quem mais ordena.

Gemeinschaft der Brüderlichkeit,
Grândola, Stadt der Sonne.
In jedem Gesicht blickt dir Gleichheit entgegen,
Das Volk ist des Staates Souverän.

Der Text des antifaschistischen Sängers Zeca Afonso ist doppeldeutig, das Lied absichtlich gewählt. »Grândola, Vila Morena« ist der Startschuss der Revolution, ein vereinbartes Geheimzeichen für alle Beteiligten, Komplizen in den verschiedenen Kasernen des Landes, die eingeweiht sind, die Regierung zu stürzen.

Es ist Donnerstag, der 25. April 1974. In den frühen Morgenstunden rollen Panzer durch die Hauptstadt. Der Verkehr kommt zum Erliegen. Banner flattern. Die Bewohner sind aufgebracht, gerade noch mit dem Ohr am Radio, eilen sie auf die Straßen, obgleich sie gewarnt werden, besser zu Hause zu bleiben. Schüsse fallen, Schreie gellen, Körper zucken zusammen. Fünf Zivilisten bleiben reglos liegen. Fotografen halten die Angst in den Gesichtern der *lisboetas* und der Soldaten fest, deren Finger am Gewehrkolben verkrampfen. Die Aufnahmen zeigen auch, was kurz darauf passiert: Am Largo do Carmo, vor dem Hauptquartier der Guarda Nacional Republicana, der regimetreuen Militärpolizei, herrscht freudiges Chaos, als die Regierungsspitzen von bewaffneten Soldaten der Armee abgeführt werden. Kurz zuvor hat sich der Ministerpräsident Marcelo Caetano noch dort versteckt, in der Hoffnung, der Revolution zu entkommen.

Die Menge jubelt, Männer und Frauen tänzeln, lachen, umarmen einander. Diese Revolution wird auf der Straße gewonnen. Alle sind sie gekommen: Mädchen und Jungen, Kinder und Schwangere, Großväter und Großmütter. Ihre Angst weicht, macht einer erwartungsvollen Aufregung Platz. Blumenverkäuferinnen verschenken rote Nelken. Als eine Frau eine Nelke in den Gewehrlauf eines Soldaten steckt, setzt sie ein symbolisches Zeichen: Waffen können nicht nur schießen, sondern auch blühen. Das Bild dieser Geste geht um die Welt und gibt dem Tag seinen Namen: Nelkenrevolution. Als solche geht sie in die Geschichtsbücher ein, als einer der unblutigsten Regierungsumstürze der Menschheit. Während für das Regime und den Großteil der Bevölkerung der Kurswechsel völlig unerwartet kommt, war er von einer kleinen Gruppe von Soldaten minutiös geplant.

Einer von ihnen heißt Antonio Luz. Ein Mann mit aufrechtem Gang, eleganter Haltung und militärischem Kurzhaarschnitt. Einer, der seit fünfzig Jahren Bauchweh bekommt, wenn er die Brücke des 25. April Richtung Lissabon überquert, da er sich nur in Südportugal zu Hause fühlt. Einer, der viel gestikuliert, abwechselnd mit der Faust auf den Tisch schlägt und diesen streichelt, als wolle er ihn von den Bröseln seiner *torradas*, getoasteter Brotscheiben, reinigen. Dessen Gesicht aussieht wie eine Landkarte, von Falten und Gräben überzogen; dessen nachdenkliche Augen sich hinter einer Brille verstecken. Antonio Luz, 73 Jahre alt, Oberst im Ruhestand seit 1999. Ein Ex-Soldat, der sich der politischen Linken nahe fühlt.

»Man kann nicht über den 25. April sprechen, ohne den weltpolitischen Kontext dieser Epoche zu verstehen«, sagt er, spricht, ohne Atem zu holen, als wolle er sich die Vergangenheit von der Seele reden.

In Afrika tobten seit dreizehn Jahren Kolonialkriege, an drei Fronten kämpften junge Soldaten aus Portugal gegen Aufständische, die um jeden Preis ihre Unabhängigkeit erreichen, die Kolonialherrschaft zersprengen wollten. Zu Hause fanden die portugiesischen Soldaten ein verschlossenes Land vor, geführt von einem faschistischen Diktator namens António de Oliveira Salazar. Vor 48 Jahren hat das von ihm installierte Regime Estado Novo das Licht in Portugal abgedreht und hält das Land seitdem auf Sparflamme. Bis heute einer der Gründe, warum Portugal wirtschaftlich hinterherhinkt.

Salazar hat sie alle überdauert: Mussolini, Hitler, Franco. Mao Zedong in China, Saddam Hussein im Irak, Mugabe in Zimbabwe, selbst Omar Al-Bashirs dreißig Jahre andauerndes Regime im Sudan. Salazars Schergen entführten, folterten und töteten alle Andersdenkenden, die als politische Gegner schlichtweg beseitigt wurden. Er erstickte mit seiner Zensur und strengem Regime auch das eigenständige Denken im Land, den Intellekt. Er stellte die *lisboetas* ruhig, machte aus ihnen Marionetten, die sich nicht trauten, eigenständig und kreativ zu werden. Somit saß das halbe Land im

Gefängnis – die einen im tatsächlichen, die anderen im geistigen. Vor allem Frauen hatten ohne Zustimmung des Vaters und des Ehemanns nichts zu melden: wählen, verreisen, studieren – undenkbar.

Nicht zu glauben, dass der Tyrann Jahrzehnte später zum »größten Portugiesen aller Zeiten« gewählt wurde. Damit hatte die TV-Show des Staatsfernsehens »Os Grandes Portugueses« wohl nicht gerechnet, als sie 2007 die Portugiesen befragten und zum Ergebnis kamen, dass 41 Prozent der Bevölkerung gerade diesen Mann zu ihrer Nummer eins erklärten. Fairerweise muss erwähnt werden, dass Salazar auch die Wahl zum Antihelden *Os Piores Portugueses* gewann – zum schlimmsten Portugiesen aller Zeiten.

Während seiner Diktatur stand innerhalb der Armee den älteren, regimetreuen Offizieren eine junge Generation gegenüber. »Ein Clash der Generationen und Kulturen, der in den 1970er-Jahren weitaus tiefgreifender war als sonst irgendwann«, erzählt Antonio Luz. »Wir wussten von der Existenz Bob Dylans, Woodstocks und von Hollywoodstreifen. Aber das wurde hier alles zensiert, da man sie als gefährlich einstufte.« Zensurmeister waren die salazartreuen *coronels*, ahnungslose Oberste ohne Kultur. Mit dem Rotstift strichen sie jene Passagen, die politisch für Portugal brisant waren, stürzten sich auf das Offensichtliche. »Sie zensierten Lenin, aber Vladimir Iljitsch Uljanov fiel ihnen nicht auf, da sie dachten, das sei ein anderer.«

Überall hörte die Geheimpolizei PIDE mit, niemand wusste, wer Spitzel war und wer nicht. Engste Freunde misstrauten einander, sogar Familienmitglieder. »Dennoch war es uns irgendwie gelungen, tanzen zu gehen, verbotene Bücher zu lesen und Bob Dylan zu hören.« Andere hielten es nicht aus, kehrten Portugal den Rücken, um im Ausland ihr Glück zu finden und Geld an ihre Familien in der Heimat zu schicken. Dadurch entstand ein Wirtschaftssystem, das beinahe vollständig auf Ausbeutung in den Kolonien und auf Remissionen aus dem Ausland aufgebaut war. »Die soziale Hierarchie Portugals lautete: die Nutznießer hier, die Produzenten dort. Unser einziges Exportprodukt waren junge Arbeiter. Seit dem 15. Jahrhundert lebten wir in Abhängigkeit von unseren Kolonien. Während Europa nach dem Zweiten Weltkrieg dekolonialisierte, raubten wir weiter, weil wir nie gelernt haben, selbst produktiv zu werden, und unsere Industrie im Land minimal war.«

Dieses System führte Portugal in die Kolonialkriege in Angola, Mosambik und Guinea-Bissau. Während die Generäle in Lissabon saßen, mussten die Hauptmänner und Leutnants im Dschungel kämpfen. Dreizehn Jahre lang schickte Salazar Soldaten in den Kampf. Aber in Afrika gab es nichts zu gewinnen, dieser Krieg wurde in Lissabon verloren, weil Portugal in mehr als fünfhundert Jahren kein nachhaltiges Wirtschaftssystem auf die Beine gestellt hatte. Besonders kurios, da Salazar über keinen militärischen Hintergrund verfügte, war er doch Wirtschaftsprofessor gewesen. »Es ist sehr schwer, eine Armee über einen langen Zeitraum in einem Krieg zu führen, vor allem wenn er ungerecht ist«, sagt Luz. »Die Jungen haben verstanden, dass sie in Afrika waren, um die Kuh weiter bei den Hörnern zu packen, damit sie die anderen weiter melken können.« Einige desertierten, weil sie das portugiesische Unrecht in Afrika nicht länger aufrechterhalten wollten.

»Als das in den Köpfen der ersten zehn, zwanzig Offiziere angekommen war, hat sich sehr schnell etwas verändert«, sagt Luz. »Das war der erste Funken. Und daraus resultierte ein Lauffeuer.« Luz klatscht mit der rechten Handfläche auf den Rücken seiner Linken, als wolle er dem Gesagten Nachdruck verleihen.

Am 9. September 1973, sieben Monate vor der Nelkenrevolution, versammelten sich 136 Hauptmänner und Leutnants der portugiesischen Armee vor dem römischen Tempel im zentralportugiesischen Évora. Ein geheimes Treffen, bei dem sie etwas besprechen wollten – nichts Politisches, sondern einen beruflichen Missstand: Um mehr Kanonenfutter an die Frontlinien in Afrika zu schicken, hatte der Verteidigungsminister per Dekret entschieden, die Wehrpflichtigen mit den Berufssoldaten zu vermischen, zu den gleichen finanziellen Konditionen. Das Ego des Militärs war verletzt, mancher Berufssoldat schäumte vor Wut. »Das war ungerecht uns gegenüber, die wir um Jahre mehr Erfahrung hatten«, sagt Luz, der damals noch Leutnant war. »Es ging um unser Prestige und um unser Gehalt.«

Die Offiziere diskutierten über das Dekret und wie sie darauf reagieren sollten, als einer der Hauptmänner unterbrach. »Ich pfeife aufs Dekret«, rief er. »*Revolução*!« Die Übrigen versuchten ihn zu beruhigen, aber Luz stimmte mit ein. »Revolution! Mich interessiert nicht das Geld, mich interessiert die Politik, die solche Entscheidungen fällt«, brüllte er. Damals war der Umschwung nur ein Gedanke in manchem Kopfe.

Gemeinsam erstellten die 136 Soldaten an jenem Sonntag ein Dokument, das sie Premierminister Caetano und Präsident Tómas zukommen lassen würden. Es besagte, dass sie die Entscheidung des Verteidigungsministers nicht akzeptieren wollten. Unterzeichnet: *Movimento dos Capitães*, Bewegung der Hauptmänner. Mehr und mehr Unterschriften weiterer Offiziere folgten bei weiteren Geheimtreffen. Zuerst monatlich, dann wöchentlich, schließlich täglich. Das Dekret war dann schon lange nicht mehr Hauptthema, die Regierung hatte es mittlerweile zurückgezogen, denn sie wusste, dass es im Hintergrund brodelte.

»Jeder von uns hatte begriffen, dass das Problem woanders lag, auch wenn es dauerte, bis alle zu dieser Erkenntnis kamen«, sagt Luz, zieht sein Smartphone heraus und googelt darauf Bilder aus dem Jahr 1974. Die Aufnahmen erinnern an Nordkorea: Menschen in Lumpen, abgemagert, die sich im Fluss waschen. Doch es handelt sich um Originalfotos aus Amadora, einem Lissabonner Vorort. Anderes Bild: PIDE-Schergen, die durch die Stadt jagen, Menschen verprügeln und verhaften. Und das mitten in Chiado, Lissabons Stadtzentrum.

Die Motivation der Protestbewegung rührte nun daher, dass Portugal ein unterentwickeltes Land geblieben war, während sich das restliche Europa nach Kriegsende etabliert hatte. Dass Abertausende Portugiesen auswanderten, weil die Lebensbedingungen unmöglich geworden waren. Dass junge Soldaten in den sicheren Tod nach Afrika geschickt wurden, um dort einen ungerechten Krieg zu führen. Dass Portugal von einer Diktatur regiert wurde, in der Regimegegner über Nacht verschwanden. In der Bevölkerung herrschte Unmut, es gab Widerstand von den Kommunisten, aber sie waren zu schwach. Das Militär war die einzige Option, niemand sonst konnte das Regime stürzen. »Es reichte«, sagt Luz. »Es brauchte uns Hauptmänner für das operationelle Durchführen, aber das war keine Revolution des Militärs. Das war eine Revolution der Jungen.«

Das Ziel der Operation *mudança histórica*, historische Wende, stand fest. »Den Kopf abschneiden, damit das Gerippe zusammenstürzt«, benennt es Luz. Übersetzt: die Kommandanten und Generäle verhaften, die das Regime erhielten, danach die Regierungsführer festnehmen.

Bis zur Ausführung blieb der Plan ein Geheimnis. Ein Unikum in der Geschichte Portugals. »Alle waren pünktlich auf die Minute, alle haben sich an den Plan gehalten. Das war sehr unportugiesisch«, gesteht Luz. »Für uns spielt Pünktlichkeit keine Rolle im öffentlichen Leben. Aber beim Militär ist Unpünktlichkeit ein Verbrechen. Wer zu spät dran ist, kann draufgehen.«

Luz spricht von der schöpferischen Desorganisation der Portugiesen. Um kreativ zu werden, müsse man desorganisiert sein. »Als die Römer die Iberische Halbinsel beherrschten, schrieb Cäsar über uns in seinem Buch ›Der gallische Krieg‹, dass die Taktik der Lusitanen sei, keinerlei Taktik zu haben.« Knapp zweitausend Jahre später hatte sich an Cäsars These wenig geändert: Aus einem berufsständigen Kooperativ, einer Protestbewegung, die sich gegen ihr Gehalt auflehnte, entstand die Idee, eine Revolution gegen die Hierarchie zu starten.

Am Tag des Umsturzes fungierte Antonio Luz, mittlerweile 28 Jahre alt und Hauptmann, in einer Spezialfunktion. Als »politischer Kriminalkommissar«, wie er es bezeichnet, der nicht direkt an der militärischen Intervention beteiligt war, sondern im Hintergrund als Mittelsmann zwischen Armeezentrale und Truppen agierte, musste er sich den ganzen Tag über in Lissabon bewegen. Mit seinem Privatwagen und in ziviler Kleidung, um der PIDE nicht in die Armee zu fallen. Fotos zeigen ihn am Largo do Carmo. Er sieht aus wie ein Guerillero der kubanischen Freiheitskämpfer.

Tagelang dauerte der Trubel auf den Straßen Lissabons, bis sich die Menschentrauben auflösten. Zurück blieben Hunderte, vielleicht auch Tausende rote Nelken auf dem Boden.

Die Bewegung der Hauptmänner, mittlerweile besser bekannt als *Movimento das Forcas Armadas*, zielte auf die drei Ds ab: *Democratizar, Descolonizar, Desenvolver*. Demokratisieren, dekolonialisieren, entwickeln. Damit wurde das Land in die Demokratie geführt, die portugiesischen Kolonien wurden beendet, und eine Jahrzehnte andauernde Rehabilitation der Wirtschaft begann.

Heute sind die Wunden verheilt, doch die Narben schmerzen noch immer. Sichtbar in vielen Gesichtern der Stadt, spürbar im getrübten Selbstvertrauen. »Wir sind ein kleines Land«, hört man die *lisboetas* oft sagen. »Was sollen wir denn schon ausrichten?« Die Frage ist rhetorisch, sie erwarten keine Antwort darauf. Das Minderwertigkeitsgefühl, das viele Portugiesen auch heute noch im Alltag plagt, geht zurück auf den Verlust ihrer glorreichen Geschichte, die Größe und Bedeutung, die dieses Land einmal innehatte. Mit dem Beben 1755 hatte der Abstieg begonnen, mit Salazar fand er seinen Tiefpunkt. Selbstvertrauen hat die Nelkenrevolution kaum beschert, doch das Verdienst dieser friedlichen Revolution macht viele *lisboetas* noch immer stolz.

Süße Verführung

Wie einfach das Leben manchmal sein kann, beweist Lissabons süßestes Wahrzeichen: Man vermenge Wasser, Mehl und Salz, füge Margarine hinzu, Butter oder Schweineschmalz, Hauptsache, reichlich davon. Man schlage den Teig, rolle und falte ihn, rolle und falte, bis er seidig weich ist und aussieht wie geleimtes Schichtholz, dessen Maserung aus Gelbtönen bereits zum Hineinbeißen verführt.

Während der Blätterteig im Kühlschrank ruht, koche man halbfette Milch mit einer Zucker-Mehl-Mischung, Zimtstangen und Zitronenschalen, leere ordentlich Eidotter in den Topf und verrühre all das zu einer dickflüssigen Creme.

Nun schneide man Stückchen aus dem Teig, kleide handtellergroße Formen damit aus und fülle sie mit der Eiercreme. Zwölf Minuten später ziehe man eines der köstlichsten Desserts überhaupt aus dem brennheißen Backofen: ein knackiges Blätterteigtörtchen mit warmer Puddingfüllung, die Oberfläche leicht verbrannt: *pastéis de nata*.

Einfacher ist das Leben wohl nur vorstellbar, wenn man in die nächstbeste *pastelaria* geht und dort so viele dieser Törtchen verspeist, wie es die Krankenvorsorge duldet. Denn merke: *Pastéis de nata* sind nicht gesund, sie machen glücklich!

Meisterbäcker João Batalha von der gleichnamigen Konditorei im Nobelviertel Chiado bringt es auf den Punkt: »Wenn du einen richtig schlechten Tag hast, iss ein *pastel*. Wenn das nicht hilft, iss einfach noch eines.« Wie viele schlechte Tage der Konditor in seinen 28 Lebensjahren hatte, lässt sich nur erahnen unter seiner weißen Kochuniform, die über einen Speckgürtel spannt. Es müssen wohl ein paar gewesen sein. Batalha, ein Back-Verrückter, der zum *pastéis*-Extremismus neigt, brachte seine Blätterteigkunst ins Labor, um die Nährwertangaben eruieren zu lassen: 182 Kalorien pro Törtchen. »Die Hälfte von einem Cheeseburger«, sagt er stolz. »Da kann man sorglos zwei *pastéis* essen.« Am besten natürlich seine. Gar nicht oft genug betont er die mehrfach preisgekrönte Feinbäckerei seiner Familie und dass seine Blätterteigtörtchen zu den besten der Stadt zählen.

Aber nicht alles, was Batalha sagt, entspricht der Wahrheit. Zum Beispiel, dass *pastéis de nata* die weltweit populärste Süßspeise sind, denkt man etwa an Baklava, Mousse au Chocolat oder Sachertorte. Allerdings: Aufgrund der kolonialen Vergangenheit Portugals und der breiten Zerstreuung portugiesischer Bürger auf unserem Planeten kennt man die Törtchen vielerorts. Von Macau bis Brasilien, von Angola bis Osttimor, von Goa bis zu den Kapverden. Und überall dort, wo große portugiesische Gemeinden leben: in Toronto, in New Jersey, in Luxemburg, in London oder in Hamburg. Tatsächlich ist mir noch niemand begegnet, dem diese Törtchen nicht schmecken – und darauf dürfen Batalha und seine Landsleute zu Recht stolz sein. Nur einmal habe ich erlebt, wie eine ältere Dame die Creme aus ihrem *pastel* gelöffelt hat. Vermutlich Weizenallergie – aber das sind statistische Ausreißer.

Bereits in fünfter Generation schwört Batalha auf das Rezept seiner Vorfahren und macht daraus kein Geheimnis, im Gegenteil. In seiner Konditorei bietet er Workshops an, in denen Besucher vom Meister persönlich lernen können. Bedeckter hält sich dagegen die wohl bekannteste *pastelaria* Lissabons: die Antiga Confeitaria de Belém, allseits bekannt unter dem Namen Pastéis de Belém, das Mekka der Eiercremetörtchen. Grund genug, in den äußersten Westen der Stadt zu pilgern, in den Vorort Belém.

Wie für Pilgerstätten üblich, gibt es vor genannter *pastelaria* zu jeder Tageszeit eine Menschenschlange, die manchmal länger ist als jene vor den UNESCO-Sehenswürdigkeiten des Stadtviertels: dem königlichen Turm oder dem Hieronymitenkloster – beides beeindruckende Bauten im Stil der Manuelinik aus dem 15. und 16. Jahrhundert. Im hinteren Bereich von Pastéis de Belém, der *fábrica*, produzieren die Konditoren täglich bis zu 40 000 Törtchen, weshalb man getrost von einer Fabrik sprechen kann, wenngleich das niemand tut. Mit über 50 000 Bewertungen gilt Pastéis de Belém als das meistrezensierte Esslokal der Welt auf der marktführenden Onlineplattform TripAdvisor.

Gerüchten zufolge kennen lediglich drei Personen die geheime Rezeptur, die seit der Gründung der Goldgrube 1837 die immer gleiche sein soll. Die Hüter des heiligen Grals seien vertraglich zum Stillschweigen verpflichtet, heißt es.

Da wäre allerdings noch die Sache mit dem Namen, die bei so manchem *lisboeta* innere Unruhe auslöst. Denn Name und damit zusammenhängend Ursprung und Geschichte der Törtchen sind umstritten, obwohl gern die stadtbekannte Legende weitergetragen wird. Sie besagt, dass die Törtchen aus Belém das Original sind, dass sie die Ersten waren, dass sie bis heute der Rezeptur aus der Gründungszeit folgen – und dass alle anderen *pastéis de nata* bloß Kopien sind.

Mag sein, dass dies für manch einen an Belanglosigkeit nicht übertroffen werden kann. Doch in Lissabon sind das hochgradig heikle Themen, die hitzige Diskussionen eskalieren lassen. Also, der Reihe nach: Während die Törtchen aus der Fabrik *pastéis de Belém* heißen, werden sie andernorts *pastéis de nata* genannt. Damit nicht genug. Obwohl die Törtchen das Wort *nata*, also Sahne, in ihrem Namen tragen, ist davon keine Spur in der heutigen Rezeptur zu finden. Hier wie dort kocht man die Füllung, schon aus Kostengründen, mit Milch – und fast ausschließlich mit Haltbarmilch. Wenige Puristen setzen sich dafür ein, dass ein *pastéis de nata* nur dann als solches gelten kann, wenn es tatsächlich Sahne enthält – nichts als ein Gedankenspiel, da niemand auf den Sahnegeschmack vorbereitet ist. Sahne statt Milch im stadtbekannten Törtchen, das käme einer Revolution gleich, würde *lisboetas* und Portugiesen in ihrem Weltbild erschüttern.

Viele Backwaren in Lissabon tragen Namen, obwohl besagte Zutat fehlt: *Bolo de arroz*, Reiskuchen, sollte mit Reismehl zubereitet werden, nicht mit herkömmlichem Weizenmehl. *Bolo de manteiga*, Butterkuchen, doch wohl mit Butter anstelle von Margarine. Und ein *pastel de feijão*, Bohnentörtchen, ist in der Originalrezeptur ohne weiße Bohnen undenkbar, aber daran hält sich kaum ein Konditor. Alles sprachliche Verwirrungen, über die sich jedoch kaum jemand wundert, also tun Sie es auch nicht – aber kosten Sie sich durch!

Zurück zur Geschichte. Wir schreiben das Jahr 1820 im Hieronymitenkloster von Belém, einem prunkvollen Bau und einem Meisterwerk manuelinischer Architektur, der portugiesischen Variante des spätgotischen Stils. Jeden Morgen und jeden Abend jagen einander Licht und Schatten durch die meterhohen Arkaden im Kreuzgang – geht es nach Pessoa, einem der »schönsten der Welt« –, vorbei an filigranen Ornamenten und rätselhaften Fabelwesen, geschaffen von gottbegnadeten Steinmetzkünstlern aus aller Welt.

In Portugal tobt die Liberale Revolution, die dem Land die erste demokratische Verfassung beschert, die Regentschaft des Königs bestätigen sowie Macht und Einfluss der

Kirche drosseln wird. Bisher lebten die Mönche und Nonnen in Saus und Braus, nun ändert sich ihr Status. Portugals Ordensgemeinschaften kämpfen in der Folge um ihre Existenz, da religiöse Einrichtungen nicht mehr gefördert werden.

Um an alternative Einkünfte zu kommen, werden die Mönche im Hieronymitenkloster kreativ. Sie verkaufen ihre hausgemachten Süßspeisen, die sie aus überschüssigem Eigelb fertigen, nachdem sie zuvor das Eiweiß nutzten, um ihre Roben zu stärken. Darunter ein gewisses Blätterteiggebäck mit einer Eiercremefüllung. Ihr Hauptabnehmer heißt Domingos Rafael Alves, ein portugiesischer Geschäftsmann aus Brasilien, der in unmittelbarer Nähe des Klosters eine Zuckerraffinerie betreibt.

Die Mönche backen und verkaufen ihre Kreationen, bleiben aber erfolglos. 1834 wird das Kloster aufgelöst, die Mönche verkaufen ihre Rezeptur an Senhor Alves, der drei Jahre später die Antiga Confeitaria de Belém eröffnet – und das Namenspatent über die Törtchen anmeldet: Pastéis de Belém. Seine Nachfahren betreiben heute noch Lissabons bekannteste Konditorei.

So weit die Legende, die zumindest im zweiten Teil wirklich stimmt. Die Konditorei in Belém war mit Sicherheit die erste *pastelaria*, die auf Masse setzte und ihre Törtchen im großen Stil verkaufte. Dass der Ursprung der *pastéis* allerdings auf das Hieronymitenkloster zurückgeht und die Törtchen in der *fábrica* heute noch nach der Originalrezeptur gebacken werden, bleibt fraglich.

Meint etwa Virgílio Nogueiro Gomes. In seinem Buch »Os doces da nossa vida« (»Die Süßigkeiten unseres Lebens«) führt der Gastronomiekritiker und Ernährungshistoriker an, dass Jahrhunderte vor der Liberalen Revolution schon Mönche und Nonnen in Portugal Süßspeisen buken, weil sie nicht wussten, wohin mit dem überschüssigen Eigelb. So gab es auch die Törtchen, die nach den Recherchen des Autors damals bereits *pastelinhos de natta* hießen.

Unumstritten ist der Ursprung dieser süßen Sünde also ein klösterlicher. Der erste Beleg stammt aus dem Frauenkloster Santa Catarina de Sena in der portugiesischen Stadt Évora, wo die Füllung der Törtchen mit – halten Sie sich fest – frischer Sahne anstelle von Milch angerührt wurde, daher auch der Name. Ein handgeschriebenes Rezept bestätigt das, datiert 1729, also über hundert Jahre bevor die Mönche aus Belém ihre Rezeptur groß werden ließen, die mit Milch arbeitete. Natürlich nur sofern die *fábrica*, wie sie es behauptet, die immer gleiche Geheimrezeptur verwendet.

Geht es nach Gomes, kann das gar nicht sein, denn er schreibt, dass mit dem Aussterben der Ordensgemeinschaften 1834 auch die Originalrezeptur verschwand, die Sahne anstelle von Milch für die Füllung vorsieht. Zu Beléms Verteidigung ist zu sagen, dass sie nicht behaupten, die Ersten gewesen zu sein, und dass alle anderen *pastéis* nur Kopien seien. Allerdings widerrufen sie es auch nicht.

Fest steht jedenfalls: Wenn Sie Lissabon besuchen, ohne *pastéis* gegessen zu haben – egal, ob aus Belém oder anderswo, aus *nata* oder aus Milch –, ist das wie ein Besuch in Rom, ohne den Petersdom gesehen zu haben. Die Frage, die sich vielmehr stellt, lautet: welches?

Pastelarias, aus deren Schaufenstern reihenweise Blätterteigtörtchen winken, gibt es in Lissabon an jeder Ecke. Eine Straße ist dann stadttypisch, wenn mindestens drei Konditoreien darin zu finden sind. Wenn Sie also an Ihrem temporären Wohnort nicht mindestens eine *pastelaria* im Umkreis von hundert Metern auffinden, wechseln Sie sofort den Standort. Wie wollen Sie sonst in den Morgen starten?

Das ist nämlich der größte Vorteil an der süßen Verführung. Sie schmecken zu jeder Tageszeit, eignen sich als Frühstück genauso wie als Dessert oder als Nachmittagssnack. Es soll sogar Leute geben, die sich anstelle eines Abendessens zwei Törtchen einwerfen.

Doch *pastel de nata* ist nicht gleich *pastel de nata*. Das weiß jedes Kind in Lissabon. Die Unterschiede sind, trotz der nahezu immer gleichen Zutaten, gewaltig. Daher entscheidet ein jährlich stattfindender Wettbewerb, welche *pastelaria* Lissabons beste Eiercremetörtchen backt.

O melhor pastel de nata de Lisboa ist keine Spaßolympiade, sondern eine sehr ernst gemeinte Trophäenjagd, die mediale, öffentliche und kochprofessionelle Aufmerksamkeit auf sich zieht. Wie Angeklagte sitzen die Konditoren vor der Jurybank und warten auf ihr Urteil. Für die eingeladenen Juroren ist es Ehre und Verantwortung zugleich, über das beste Törtchen der Stadt zu entscheiden. Große Konditoreien wie Pastéis de Belém oder Manteigaria nehmen nicht teil – aus Angst, sie könnten nicht gewinnen, da die Verkostung der eingereichten Törtchen blind erfolgt. Ähnlich wie beim Eurovision Song Contest, bei dem Stars aus gutem Grund die Teilnahme verweigern. Die Schmach, nicht Erster zu werden, wäre für die namhaften Feinbäckereien eine Niederlage. Zudem haben sie den Sieg bei solch einem Wettstreit nicht nötig, denn an Kundschaft mangelt es beispielsweise der Pastéis de Belém ohnehin nicht. Da sie außerdem, wie sie selbst sagen, keine *pastéis de nata*, sondern ein Eigenprodukt namens *pastéis de Belém* produzieren, dürften sie bei dem Bewerb gar nicht erst teilnehmen. Das freilich wirft wieder die Frage auf: Wenn alle ihre Törtchenfüllung mit Milch anstelle von *nata* … nein, egal! Genug davon, wir wollen ja keinen *pastéis*-Krieg anzetteln. Es sind die kleinen, namenlosen, neuen Konditoreien, die sich um einen Platz bei dem Bewerb bemühen. Sie können nur gewinnen.

Die Juroren verkosten mehrere Dutzend Törtchen, urteilen nach Gesamterscheinung, also Größe, Bräunungsgrad, Aussehen, Helligkeit, Farbe, Mengenverhältnis zwischen Hülle und Fülle. Dann separat nach Konsistenz und Geschmack der Creme, des Teiges und natürlich alles in Kombination. Drei Tage lang vergibt die Jury Punkte, bevor der Gewinner feststeht.

Maria Urmal, selbst Konditorin bei ACPP, der Vereinigung portugiesischer Profiköche, saß beim Wettbewerb 2019 bereits zum zweiten Mal in der siebenköpfigen Jury. Die *lisboeta* weiß, dass das perfekte *pastel de nata* nicht existiert und niemals existieren wird, egal, wie einfach die Rezeptur klingt, wie klar definiert die Zutaten sind. In Wahrheit sind es die Hände, die entscheiden, wie sie ihr Talent einsetzen. »Im Bewerb sagen wir Juroren, die Füllung von A, das Törtchen von B und das Aussehen von C wäre die perfekte Kombination«, meint Urmal, für die ein Törtchen dann Perfektion erreicht, wenn sie nach dem Verzehr gleich ein zweites begehrt. Dennoch gilt es, jährlich einen Gewinner zu bestimmen, dessen Kombination aus krustig und weich, süß und fettig, cremig und frisch überzeugt. Einstimmig erklärte die Jury 2019 die *pastelaria* Santo António in Alfama zum Gewinner. Dass das auf die Sieger lebenswandelnde Auswirkungen hat, weiß Urmal. Seit dem Sieg wartet man in besagter Konditorei nun ebenfalls in einer Schlange auf das Gewinnertörtchen. Der Erfolg erzeugt allerdings Druck, denn im Folgejahr müssen die Erstplatzierten wieder teilnehmen. Und die Wahrscheinlichkeit, dass eine *pastelaria* zwei Jahre hintereinander gleich gute *pastéis* einreicht, ist erfahrungsgemäß gering.

Sei's drum, kosten Sie sich durch. Ich persönlich plädiere dafür, die Lissabon-Route nach *pastelarias* festzulegen. Kreuzen Sie sich in einem Stadtplan jede Konditorei an, und betrachten Sie diese als Zwischenstopps, an denen Sie Ihren müden Knochen vom Auf- und Abstieg der steilen Gassen eine kurze Pause gönnen, Energie tanken und sich belohnen für die vielen Schritte dazwischen.

Denn vergessen Sie nicht: *Pastéis de nata* machen glücklich. Fragen Sie sich also besser nicht, ob und wo Sie das Blätterteiggebäck essen sollen, sondern vielmehr, wie Sie das anstellen werden. Denn wenn es ans Verzehren geht, teilt sich die Menschheit in zwei Typen: in Gierhälse und Genießer. Also in jene, die – entgegen jeglicher Tischmanieren – ein *pastel* in zwei bis drei Bissen hinunterschlingen, und in die anderen, die es schaffen, die Beherrschung zu behalten und die Törtchen in zeremonieller Art zu verspeisen. Zweifellos gehöre ich nicht zu den Zurückhaltenden: ein Biss, und aus dem perfekten Kreis wird ein Halbmond. Noch einer, und das *pastel* ist Geschichte. Perfektion in zwei Bissen.

Eine Stadt wird ausverkauft

Noch zur Jahrtausendwende war Lissabon eine Hauptstadt wie keine andere in Westeuropa. Die nicht den Charakter einer pulsierenden Metropole wie London, Paris, Rom oder Amsterdam hatte, sondern den eines verschlafenen Dorfes, in dem jeder seine Nachbarn mit Namen kennt. Ein Exot, der sich am äußersten Rand Europas versteckte, der als zu unsexy und außergewöhnlich galt, um ihn zu besuchen. Über der Stadt lag ein modriger Geruch, innerstädtischer Transport war ein Abenteuer, und an den zentralen Plätzen tummelten sich Arbeitslose auf der Suche nach Beschäftigung. Der Zahn der Zeit nagte an Wänden und Böden, hinterließ Schimmel, Löcher und Risse, ließ viele Häuser aussehen, als wären sie von einer Krankheit befallen. Immer wieder hört man den gleichen Satz: »Wir sind ein kleines Land.« Als ob das eine Entschuldigung wäre für jegliche Missstände.

Die Jahrzehnte der eisernen Faust des Diktators Salazars hatten nicht nur die Gehälter eingefroren, sondern auch die Mieten, den Tourismus und die Stadt in ihrer Entwicklung gebremst. Eigentümer investierten nicht mehr in ihre Häuser. Selbst wenn sie es sich leisten konnten, war es den Aufwand nicht wert, da Wohnungen mitten im Zentrum –

solange die alten Mieter noch zu günstigen Konditionen darin wohnen – keine hundert Euro monatlich einbrachten. Erst nach deren Ableben lohnen sie sich für die Eigentümer finanziell, denn dann dürfen sie die Wohnungen zu einem Fantasiepreis vermieten oder verkaufen – und davon wird nun vermehrt Gebrauch gemacht.

Auf der Fähre nach Cacilhas lausche ich einem Gespräch zweier älterer Damen, die über Salazar diskutieren. »Und was hat sich in den letzten vierzig Jahren getan, seitdem er weg ist?«, fragt die eine verbittert in Bezug auf die wirtschaftliche Situation des Landes. Da antwortet die andere: »Der Tourismus wird's schon richten.«

Als ich vor über zwanzig Jahren zum ersten Mal Lissabon besuchte, verschwendete hier niemand auch nur einen Gedanken an Airbnb oder TripAdvisor. Nichts zu sehen von Tuk Tuks, Elektrorollern, Segways und Gokarts. Damals fuhren *lisboetas* mit der 28E, um ihr Zuhause in Alfama, Mouraria oder Graça nicht zu Fuß erreichen zu müssen; gelegentlich gesellte sich der ein oder andere Tourist dazu – und war gern gesehen. Die Schlangen vor den Sehenswürdigkeiten und namhaften *pastelarias* der Stadt waren überschaubar, ebenso die Eintrittspreise für Museen und Ausstellungen.

Cais do Sodré, Martim Moniz, Intendente und Alcântara waren die Kehrseiten Lissabons, Gegenden, von denen man sich besser fernhielt, galten sie doch als unsichere Ecken, wo Junkies, Huren und ihre Zuhälter auch tagsüber herumlungerten – wo schon mal ein Pflasterstein nach dem Eindringling geworfen wurde.

Und dann kam die Eurokrise, die Portugal so schwer zusetzte, dass die Republik nicht mehr imstande war, ihre Staatsschulden und Zinsen aus eigener Kraft zu bezahlen. In Lissabon wie andernorts wurde das vor allem 2011 sichtbar, als Geschäfte reihenweise schließen mussten, Bewohner die

Stadt verließen, in Außenbezirke, zu Verwandten aufs Land oder überhaupt ins Ausland übersiedelten, um dort Geld zu erwirtschaften. In den zentralen Vierteln stand ein Sechstel der Gebäude, die ohnehin in einem katastrophalen Zustand waren, plötzlich leer.

Ein 78 Milliarden Euro schwerer Rettungskredit der EU und Sparmaßnahmen der Regierung auf Kosten der Bewohner bewahrte Portugal vor dem Schlimmsten, veranlasste die Hauptstadt aber zu handeln. Das bisschen Geld, das zur Verfügung stand, pumpte die Regierung in die Infrastruktur der Stadt, um Lissabon funktional, sicher und sauber zu machen, kurz: einladend. Etliche Häuser wurden vor dem endgültigen Verfall versteigert. Ein neues Mietgesetz erleichterte Ausländern den Erwerb von Immobilien, deren Preise ohnehin im Keller waren. Zudem spendierte Portugal sogenannte Goldene Visa. Jeder, der bereit war, mindestens 350 000 Euro in das Land zu investieren, erhielt neben einem EU-Visum auch finanzielle Nachlässe, etwa die ersten zehn Jahre lang keine Steuern zahlen zu müssen. Ein Schneeballeffekt trat los: Auf Franzosen, Deutsche und Engländer, die kein Visum benötigten, aber günstig zu Feriendomizilen, Zweitwohnsitzen oder einer Pensionsvorsorge kamen, folgten zunächst Chinesen, danach Russen, Türken und Südafrikaner – seit Präsident Bolsonaro Brasilien im Würgegriff hält, sind es vermehrt Brasilianer, die investieren. Portugal vergab in wenigen Jahren Tausende Goldene Visa, dafür flossen Auslandsinvestitionen in Milliardenhöhe in das Land. Allein 2019 waren es 742 Millionen Euro.

Unter anderem das Geld jener vierköpfigen Familie aus Südafrika, mit der ich kürzlich im gleichen Café saß und die mir stolz davon berichtete, dass sie nun eine Dachgeschosswohnung in Bairro Alto besitze. Ein bis zwei Monate im Jahr bewohnen sie ihr Zweitheim, den Rest der Zeit vermieten sie es an andere Ausländer – 16 000 solcher durch Airbnb vermittelte Wohnungen wurden 2017 gezählt. Vor zwei Jahren kam die Familie für ein Urlaubswochenende nach Lissabon, verliebte sich in die Stadt und kaufte sofort das Apartment. Das schmeichelt der Anziehungskraft Lissabons und steigert auch das Selbstwertgefühl, das in Portugal schwach ausgeprägt ist.

»Warum ausgerechnet Lissabon?«, fragte ich die Südafrikaner. »Weil es die einzige europäische Hauptstadt ist, die am Meer liegt und in der Immobilien leistbar sind«, lautete die Antwort. »Noch«, ergänzte ich.

Altbauten wurden von ausländischen Investoren gekauft, zu Hotels oder Kurzmietwohnungen renoviert und dann teurer weiterverkauft. So haben sich die Immobilienpreise in Lissabon in nur vier Jahren verdoppelt, manche Mieten gingen gar um das Vierfache nach oben. Der Quadratmeterpreis liegt mittlerweile bei 3000 Euro. Die Anzahl der Bleiben für Touristen ist in den vergangenen drei Jahren um 1080 Prozent gestiegen – mit ihr wiederum die Preise und damit die Zahl der Investoren. Ein Teufelskreis, der Lissabon immer tiefer in die Falle zwingt. Gut dreihundert Jahre nach dem tödlichen Tsunami lässt sich die Metropole wieder von einer Welle mitreißen, die das Stadtbild erneut nachhaltig verändert: jene der Geldgier und Spekulation. Eine Seifenblase, die irgendwann platzen wird, denn die Preise können nicht endlos steigen.

Eine Lissabonner Freundin erzählte mir folgende Anekdote: »Die Wirtschaft boomt!«, sagt ihr Vermieter, der aus dem Nichts vor ihrer Tür steht und argumentiert: »Alle um mich herum profitieren, bloß ich nicht. Es tut mir leid, ich muss die Miete erhöhen.« Die nachsichtige Freundin sieht das ein. Ihre Zweizimmerwohnung in Príncipe Real ist mit fünfhundert Euro Miete ein guter Deal, wobei sie diese seit zehn Jahren bewohnt. »Um wie viel?«, fragt sie. »Das Doppelte«, antwortet der Vermieter trocken. »Tausend Euro.« Meine Bekannte arbeitet Vollzeit als Pädagogin in einer *creche*, einer Kinderkrippe. Die neue Miete entspricht etwa ihrem Verdienst, womit sie sogar weit über dem Durchschnittseinkommen der Portugiesen von 888 Euro liegt – denn auch wenn drum herum wirtschaftliche Blütezeit herrscht, leiden die Gehälter nach wie vor unter Stagnation. »Die Häuser sind nicht zum Wohnen da, sondern für den Urlaub der anderen«, sagt sie mir resignierend. Mittlerweile ein stadtbekannter Spruch.

Ihre Geschichte ist kein Einzelfall. Immer mehr *lisboetas* können sich das Leben in ihrer Heimatstadt nicht mehr leisten, müssen wegziehen, Platz machen für Airbnb und Co. Sie ziehen weg aus Alfama, Graça, Chiado und der Baixa. Hinaus in die Randbezirke oder auf die andere Seite des Flusses, nach Almada, Barreiro, Tarafal. Oder sie üben zwei Jobs aus, um sich das Leben in Lissabon leisten zu können: Tagsüber in einer der vielen ausländischen Fabriken, die ihre Werke in und um Lissabon herum angesiedelt haben, nachts fahren sie Uber-Wagen, die wiederum den Taxis die Kundschaft wegschnappen.

Lissabon wurde mit dem Ziel wiederbelebt, Touristen anzulocken. Während sich viele *lisboetas* in der Tourismus-, Industrie- und Gastronomiebranche für diese Idee begeistern konnten, warnten andere davor, ein neues Venedig oder Barcelona zu schaffen, also eine Metropole, die von Besuchern so überschwemmt wird, dass sich das Leben der Bewohner zur Mühsal gestaltet. Letztere sollten recht behalten. Eine befreundete Lissabonner Linguistin sagte einmal über ihre Mitmenschen: »Wir denken so kurzsichtig. Unsere Devise lautet: Ich mache, was ich will. Möchte ich mein Auto mitten auf der Straße abstellen, um schnell einen Kaffee zu trinken, mache ich es einfach. Die Konsequenzen sind völlig egal.« Gleiches Prinzip wurde während der Krise angewandt. »Touristen bringen Geld«, lautete der kurzsichtige Gedanke, der grundsätzlich richtig war. An die Folgen dachte niemand.

Der Plan der Regierung ging auf. Das Geld fließt, Portugal lässt die Wirtschaftskrise hinter sich, gilt als Vorzeigemodell innerhalb der EU, wie ein Land seine Staatsschulden abarbeitet. Der Tourismus schafft Arbeitsplätze: Waren im März 2013 noch gut die Hälfte der Bewohner arbeitslos, ist es heute nur noch jeder Fünfte. Lissabon steht eine prosperierende Zukunft bevor. Aber zu welchem Preis? Und vor allem: auf wessen Kosten?

2018 besuchten viereinhalb Millionen Touristen die portugiesische Metropole. Damit kommen auf einen Bewohner neun Besucher. Gleichzeitig nimmt die Zahl der Einwohner immer weiter ab. Während 2001 über 560 000 Menschen in der Hauptstadt lebten, sind es keine zwei Jahrzehnte später nur noch eine halbe Million – genauso viele Touristen kamen 2018 allein mit Kreuzfahrtschiffen zu Besuch.

Nicht einmal zwanzig Jahre nach meinem ersten Besuch ist Lissabon eine große Baustelle, besteht vor allem aus Baugruben, Kränen und Absperrungen. Die Stadt wird aufgepäppelt, poliert, konserviert. Das tut ihr gut, das macht sie schöner. Aber von einem gut gehüteten Geheimnis verwandelte sie sich dadurch in den neuen Lieblingsspot, den es zu besuchen gilt. Den gleichen Hype, den London in den 1970er-, Berlin in den 1990er- und Amsterdam in den 2000er-Jahren erlebte, widerfährt nun Lissabon. Die Stadt boomt wie nie zuvor, als wäre sie gerade erst entdeckt worden. Neben den temporären Erasmus-Studenten zieht es Junge, Hipster und Entrepreneurs aus dem Ausland in die Metropole, wo das Leben – abgesehen von Mieten – noch preiswert ist, wo Nachtleben und Surfen auf dem Programm stehen, wo Aufbruchstimmung herrscht. Seit 2016 findet der jährliche Web Summit in Lissabon statt, die weltgrößte Technologiekonferenz, an der gut 70 000 Experten teilnehmen. Das Reisemagazin *Time Out* kürte Arroios gar zum trendigsten Viertel der Welt, verwies Tokio, Berlin und New York auf die hinteren Plätze. Lissabon ist im wahrsten Sinne wieder zu einer kosmopolitischen Stadt geworden.

Hotels, Restaurants, Bars und Geschäfte sprießen aus dem Boden, dazu künstlich errichtete Grünflächen. Auf dem nagelneuen Terminal legen täglich bis zu vier Kreuzfahrtschiffe an, die Abertausende Eintagestouristen ausspucken. In Horden belagern sie kurzfristig die Stadt und legen das ohnehin gemächlich funktionierende Lissabon lahm. »Je mehr Passanten, desto weniger eilig die Schritte«, schreibt Fernando Pessoa.

Die Promenade zwischen Praça do Comércio und Cais do Sodré ist zur Flaniermeile herausgeputzt worden, wo Straßenkünstler ihre Werke verkaufen, Musiker spielen und Besucher wie *lisboetas* sich in Liegestühlen sonnen, lesen, rasten. Oder auf den aufgeschütteten Strand am Tejo blicken und überteuerte Getränke konsumieren. Alcântara, bis zuletzt verwahrloste Industriehafenzone, beheimatet unterhalb der Brücke des 25. April die LX Factory, eine Location für Kultur, Gastronomie und Wirtschaft, die hip und cool ist: Kaffeehäuser, Fresstempel, Designershops und Buchläden. Im Stadtzentrum verdrängen Souvenirläden und internationale Ketten historische Geschäfte. Überall herrscht dichtes Gedränge. Menschenschlangen winden sich durch viele Gassen, Bewohner erreichen ihre eigene Haustür kaum noch, da Besuchermassen ihnen den Weg versperren. Die Anrainer beklagen sich über den Andrang und die Degradierung ihres Wohnraumes zum Fotohintergrund. Eines Tages kommen hier nur noch Touristen, um Touristen zu sehen, sagen sie.

Die Hipsterfizierung der Stadt kennt sogar ein Mekka: den Time Out Market. Ein Teil der historischen Markthalle Mercado da Ribeira direkt gegenüber vom Fährhafen des Cais do Sodré drohte zu verfallen und wurde 2014 vom britischen Medienunternehmen Time Out Group in ein Agglomerat von Bars, Restaurants, Essensständen, Geschäften und

Konditoreien umgewandelt, die dem Viertel wieder Leben einhauchten. Seitdem werden dort »die besten Steaks, die besten Hamburger, das beste Sushi und die besten Liveauftritte« geboten. Eine kulinarische Goldgrube, allerdings nur mit einem Hauch von Lissabon.

Die Transformation der Welt macht auch vor der Stadt am Tejo nicht halt. Gentrifizierung ist ein grausames Wort, allein schon wegen des Klangs, grausamer ist nur ihr Gesicht. Am deutlichsten zeigt sie ihre Fratze in rasanten Veränderungen. Zu rasant für eine Stadt, in der Eile keinen Platz hat. Deshalb wird Lissabon von Hektik gerade überrumpelt, hinkt den schnellen Entwicklungen oft hinterher.

Innerhalb von nicht einmal zehn Jahren ist Lissabon vom einen Extrem in ein anderes gerutscht. Schnell wollte es wieder zur Weltstadt werden, wie schon einmal. Aber um Weltstadtcharakter zu erreichen, fehlen nach wie vor entscheidende Faktoren. Etwa uneingeschränkte Mobilität: Acht der fünfzig Metrostationen sind noch immer nicht für Rollstuhlfahrer geeignet, betagte Bewohner oder Menschen mit körperlichen Einschränkungen, Schwangere oder Mütter mit Kinderwagen müssen über holprige Pflastersteinwege auf- und abmarschieren, um nach Hause zu gelangen, können nach wie vor nicht auf Aufzüge in ihren Wohnhäusern zählen und sind bei Regen zu Hause am sichersten, da sich Lissabons Straßen in eine Rutschbahn verwandeln. Der Verkehr ist chaotischer als je zuvor, Parkplätze sind Mangelware, Fahrradwege inexistent.

Auf der einen Seite begegnet uns Lissabon als Boomstadt, als neues Zentrum für Kreative, als Brücke zwischen den Amerikas, Afrika und Europa. Andererseits versucht es seiner Kultur, seinen Sitten, seiner Mentalität treu zu bleiben. Alte Traditionen sind tief verwurzelt. Bloß wie lange noch? Wie lange kann die portugiesische Metropole dem Druck von außen noch standhalten, bevor sie zu einer künstlichen Stadt wird, einem austauschbaren Ort, wie sie vielerorts zu finden sind? Denn wenn die alten *lisboetas* verschwinden, geht auch der Charme verloren, der die Stadt ausmacht.

Auf dem Platz vor dem Museu do Fado frühstücken Touristen in den Cafés, lassen sich von der Sonne ihre schlafsteifen Rücken wärmen. Sie schlürfen *galão*, Milchkaffee, knabbern dazu *torradas*, dick geschnittene Weißbrotscheiben, die getoastet und mit salziger Butter bestrichen werden. Aus Sonnenschirmen zerstäubt alle paar Minuten ein Wassernebel auf die Gäste, damit sie es nicht nur schattig und kühl, sondern auch frisch haben. Um sie herum erwacht Alfama. Der Morgen könnte kaum friedlicher beginnen. Bis eine Gestalt den Platz betritt, einen der Cafétische anvisiert und davor stehen bleibt: ein Clown mit einem Hut aus Pfauenfedern auf dem Kopf, einer Mundharmonika um den Hals, einem Schellenring in der rechten Hand und einer Triangel in der linken. Verdutzt blicken die Touristen auf, niemand ahnt, welcher Slapstick sie erwartet. Dann legt der Clown los: rasselt, bimmelt, schellt, klingelt und jault einen so furchtbaren Lärm, dass einem das Trommelfell platzen will. Um dem Katzenjammer zu entgehen, fischen die Ahnungslosen rasch ein paar Münzen hervor, die sie dem Störenfried entgegenstrecken – die dieser aber ignoriert, stattdessen seinen Krach fortsetzt. Nach und nach kapitulieren die Besucher, erheben sich, schimpfen in ihren Landessprachen und gehen dem Wahnsinnigen aus dem Weg, während der gemächlich seine Runden dreht, Tisch für Tisch abklappert. Machtlos sehen die Kellner zu, versuchen ihn zu beschwichtigen. Doch der Musikant amüsiert sich, fühlt sich angespornt, die akustische Tortur fortzusetzen, denn nur darum geht es ihm. Nicht um Geld, sondern um Aufmerksamkeit, darum, ein Zeichen des Widerstands zu setzen. Er will den Leidtragenden einfach nur seinen Unmut vorspielen. Den Unmut wegen der Invasion der Touristen in Lissabon.

Den Ort hat der Rebell gezielt ausgewählt: Viele Cafébesucher sind mit dem Kreuzfahrtschiff gekommen, das am Terminal gleich hinter dem Fado-Museum ankert. Erst als einige Gäste den Platz verlassen und um die Ecke verschwinden, beendet er zufrieden seine Vorstellung. Auch wenn niemand applaudiert, verbeugt sich der Clown, ehe er das Weite sucht. Er hat sein Ziel erreicht, seine Botschaft klar angebracht: Touristen, haut ab! Für die einen sind die Besucher ein Ärgernis, für andere ein Segen.

Loja com história

Man kann die Welt nur von zwei Punkten aus betrachten, schrieb einst Guerra Junqueiro, ein portugiesischer Diplomat und Anfang des 20. Jahrhunderts einer der bedeutendsten Lyriker seines Landes: vom Himalaja und vom Chiado. Große Töne, denn wer vom Dach der Welt geblickt hat, ist selbstverständlich schwer zu beeindrucken. Dennoch ist die Aussicht vom Hügel im Nobelviertel Lissabons eine Wohltat für die Augen, wenn auch nicht vergleichbar. Junqueiro meinte natürlich die philosophisch-spirituelle Sicht der Dinge, da Lissabon unter Katholiken lange Zeit als religiöses Zentrum galt, genauso wie der Himalaja für Hindus, Buddhisten und Jaina heilig ist.

Ist der Himalaja auch heute noch das Gebirge der Spiritualität, gilt der Chiado als Hügel des Handels. Der wohl größte Unterschied: Die Berge tun den Knien nicht gut, Chiado schadet der Geldbörse. Mit dem Geld, das eine mehrwöchige Reise nach Nepal oder Indien kostet, bezahlt man in Chiado nun eine Monatsmiete. Viel mehr noch: Der Name »Nobelviertel« ist nicht nur salopp dahingesagt. Ab 6000 Euro pro Quadratmeter darf man in Chiado ein Apartment sein Eigen nennen, sofern man die Warteliste der Interessenten überdauert hat. Seit dem Wiederaufbau der Stadt nach dem Erdbeben von 1755 galt das Viertel als herausgeputzt und schick, aber das letzte Jahrzehnt hat den Immobilienpreisen stark – ja, man kann es ruhig »verrückt« nennen – zugesetzt. Auch in Chiado mussten viele Geschäfte schließen, da sie sich die horrenden Mietpreise nicht mehr leisten konnten oder sich großen Markennamen beugen mussten. Noch viel mehr *lisboetas* mussten ausländischen Investoren weichen, die so manche Bruchbude zu einem Luxusapartment renovierten und teuer vermieteten oder weiterverkauften.

Dass in der Rua do Carmo im Herzen Chiados eine *loja com história*, ein Geschäft mit Geschichte, die letzten 95 Jahre überlebt hat, grenzt an ein Wunder. Vor allem wenn man in die schmalen Schaufenster des Ladens blickt, in denen sich der Himmel und die Menschenmassen spiegeln, die durch die Straße ziehen. Eingerahmt sind die Vitrinen von einer neoklassizistischen Steinfassade, darin zu sehen: links zehn Paar Handschuhe, rechts zehn Paar Handschuhe. Dazwischen eine Glastür, die in den einzigen Raum führt, von zwei Verkäuferinnen zur Hälfte ausgefüllt, keine fünf Quadratmeter Verkaufsfläche. Einziges Produkt: elegante Lederhandschuhe in etlichen Variationen und Farben. Mit Kaschmirfütterung, mit Manschetten, mit Krokodilsleder-Verzierung, gelöchert, gehäkelt, gemustert. Der Tresen in der Mitte des Raumes ist aus Holz gefertigt, ebenso die Kästen und Schubladen. Einbaumöbel, Lampenschirm und anderes Dekor – alles originalgetreu aus dem Gründungsjahr 1925. Verirren sich noch zwei Kunden in den Laden, der aufgrund seiner Unscheinbarkeit leicht zu übersehen ist, platzt die Bude. Mitinhaber Carlos Carvalho klärt das Wunder auf: »Da der damalige Stadtrat 1923 unser Geschäftslokal autorisierte und zwei Jahre später selbst den Laden gründete, gehört das Haus nach wie vor dem Finanzministerium. Und als erste *loja com história* haben wir einen Sonderstatus bei der Miete und Kündigungsschutz. Anders wäre ein Überleben undenkbar.«

Lojas com história sind ausgewählte Krämerläden, die in die Vergangenheit katapultieren. Von der Stadtverwaltung haben sie diesen Titel zugestanden bekommen, ein 25 000 Euro starker Rettungsschirm, um ihr Dasein zu sichern und um das kulturelle Erbe weiterzugeben. Sie vermitteln Tradition, und die gilt es, vor allem im sich rasant verändernden Lissabon, zu bewahren. Zumeist sind es alte *lojas*, die gut hundert Jahre auf dem Buckel haben und auf ein einzelnes Produkt spezialisiert sind, so wie es in Lissabon früher üblich war. Knöpfe, Hüte, Schrauben, Seifen, Konserven, Kaffee und Tee – in Dutzenden, gar Hunderten Ausführungen. Oder eben Handschuhe wie in Carlos Carvalhos *luvaria* – ein Wort, für das es noch nicht einmal eine ordentliche Übersetzung gibt: ein Handschuhgeschäft.

Weder die Wirtschaftskrise noch die erhöhten Mietpreise können Carvalho also etwas anhaben. Das Geschäft läuft Jahr für Jahr gleich gut, verändert hat sich nur die Klientel. Früher vermehrt Portugiesen, heute vor allem Touristen. Etwa 15 000 Paare Handschuhe verkauft Carvalho jährlich. Der Sechzigjährige mit Seitenscheitel und Designeruhr, dessen gute Laune ansteckt, lebt eine Erfolgsgeschichte, die märchenhaft klingt: Mit sechzehn Jahren, drei Monate vor der Nelkenrevolution, fing der *lisboeta* an, im Verkauf der *luvaria* zu arbeiten, wurde später Gesellschafter, ist nun Manager. Kein Studium, keine Minute in einer anderen Arbeit, keine anderen Interessen. Carvalho kennt sich mit Handschuhen aus – und das so gut wie wohl kein anderer in dieser Stadt. Früher, als Handschuhe zum Outfit einer portugiesischen Dame gehörten, gab es ähnlich viele *luvarias* wie *pastelarias* in Lissabon. »Nun sind wir die einzig verbliebene *luvaria* Portugals«, sagt er stolz. »Daher ist der Anspruch an uns sehr hoch.«

Weichstes Lamm- und Nabelschweinsleder, die feinsten Näher in der eigenen, wenige Straßen entfernten Manufaktur, wo die gleiche Handarbeit verrichtet wird wie in den 1920er-Jahren, intensiver Kundenservice. Die *luvaria* ist zwar winzig, dafür trägt sie einen wahrlich großen Namen: Ulisses. Damit zollt der Laden dem Homerischen Helden Odysseus Tribut, der – der griechischen Mythologie zufolge – Lissabon einst gründete.

In das Geschäft zwängt sich ein Paar aus Dubai. »Eins, zwei, drei«, sagt die Frau, zeigt mit ihren Fingern auf die Schauwand. Die Verkäuferin inspiziert die grazile Hand der Araberin, verschwindet durch einen Fadenvorhang in der Nebenstube und kehrt mit drei Kartons zurück. Dann schnappt sie einen *abridor*, eine Art hölzerne Pinzette in Übergröße, und spreizt damit die ledernen Finger des ungetragenen Handschuhs. »Bitte, stützen Sie Ihren linken Arm auf das Lederkissen«, sagt sie, zerstäubt Talkumpulver im Handschuh und stülpt ihn der Klientin über. Die grinst zufrieden. Er sitzt wie angegossen. Nur entscheiden kann sich die Kundin nicht – und ihr desinteressierter Gatte, der damit beschäftigt ist, Fotos von dem historischen Laden zu schießen, ebenfalls nicht. Er nickt zur Zustimmung. »Alle drei Paare«, sagt sie schließlich. Die Verkäuferin freut sich, verstaut die Handschuhe in Samtbeuteln und überreicht sie der Klientin. »Wenn es regnet und die Handschuhe nass werden, lassen Sie sie einfach lufttrocknen. Niemals föhnen oder auf die Heizung legen.« Die Araberin blickt verdutzt. »Keine Sorge«, sagt sie, »in Dubai regnet es nie.«

Dérbi eterno

»Benfica oder Sporting?«, fragt mein Sitznachbar.

»Neutral«, antworte ich.

»Sag das hier drinnen ja nicht«, flüstert er, blickt durch den Raum, um sicherzugehen, dass uns niemand belauscht.

»Na gut, dann halt Sporting«, sage ich.

»Sag das hier drinnen ja nicht«, flüstert er erneut. »Du bist jetzt *benfiquista.*«

So werde ich kurzerhand Benfica-Fan, zumindest für die nächsten Stunden, die ich in einer *tasca* – ihr Name ist irrelevant, denn es könnte jede beliebige Kneipe in Lissabon sein – verweile, um ein Fußballspiel zu sehen.

Wahrscheinlich sollte ich auch das nicht so salopp sagen, denn über Gott und Fußball spottet in Portugal niemand. Schon gar kein Außenstehender, das verzeihen die *lisboetas* nicht – zumindest nicht die fußballerische Blasphemie. Heute ist nicht irgendein Fußballspiel. Es stehen einander der aktuelle Landesmeister Portugals und der portugiesische Pokalsieger gegenüber, die um den Titel *»Supertaça Candido de Oliveira«* kämpfen, kurz: Supercup. Eigentlich ein Spiel, bei dem es um nichts geht, denn der Titel selbst ist bedeutungslos – und doch geht es für die portugiesischen Fußballfans, und davon gibt es sehr viele, um alles. Der Supercup ist nicht nur der Saisonauftakt und ein Kräftemessen zwischen den zwei wichtigsten Turniersiegern des abgelaufenen Spieljahres, sondern in diesem Fall zugleich eine weitere Auflage des *dérbi eterno*, des »ewigen Duells« der beiden Hauptstadtclubs. Daher geht es heute vor allem um eines: Ehre. Denn wer hier gewinnt, ist die Nummer eins in Lissabon und sichert sich damit die Verspottungsrechte gegenüber dem Lokalrivalen, zumindest bis zum nächsten Duell. Zudem ist der Supercup der einzige Wettbewerb, in dem Sporting die Nase vorn hat, seit der Einführung des Bewerbs 1979 einen Titel mehr erringen konnte als Benfica.

Ausgetragen wird das Spiel im Süden des Landes, an der Algarve, auf neutralem Boden. 270 Kilometer weiter nördlich, in besagter *tasca* im Lissabonner Viertel Príncipe Real, in der gleich mehrere obligatorische Fernseher flimmern, auf deren Mattscheiben das noch obligatorischere Fußballspiel übertragen wird, finden sich kurz vor Anpfiff Fans beider Mannschaften ein. Auch äußerlich scheint die Kneipe unparteiisch zu sein: an den Wänden Schals, Trikots, Fotos und Wimpel beider Hauptstadtteams und anderer portugiesischer Mannschaften.

Ich sitze in der Mitte eines langen *balcão*, einer Theke, die in diesen Breitengraden von enormer Wichtigkeit ist, da sie als Multifunktionselement jeder gastronomischen Einrichtung fungiert. Hier wird getrunken, gegessen, gewettet und geredet, werden Lebenskonzepte geschmiedet, Tagesprobleme gelöst und Verschwörungstheorien über Fußball, Religion und Politik diskutiert – ohne sich an einen Tisch setzen und Katz und Maus mit dem Kellner spielen zu müssen. Am *balcão* sitzt, steht, lehnt oder lümmelt der Gast, von Angesicht zu Angesicht mit dem Barmann, der wichtigsten Person im Raum.

Links von mir haben sich Männer und Frauen in grünweißen Trikots positioniert, rechts von mir die Gegner in

Rot. Ein Laden voll aufgeregter Herzen. In meinem schwarzen Poloshirt komme ich mir vor, als wäre ich der Unparteiische, aber der bin ich ja nun nicht mehr, dank meines neuen Freundes zu meiner Rechten. Miguel Mendes, Familienvater, arbeitet für einen Lebensmittelkonzern, ist 39 Jahre alt und genauso lange *benfiquista* – im Gegensatz zu mir allerdings ein waschechter. »Miki« unter Freunden, benannt nach dem ungarischen Benfica-Stürmer Miklós »Miki« Fehér, bei dem der Leitspruch *Benfica até morrer*, »Benfica bis in den Tod« tragischerweise Realität wurde: Während eines Ligaspiels brach er tot auf dem Rasen zusammen.

»Mitglied?«, frage ich.

»Mitglied«, antwortet Miki stolz, führt ein Glas Bier an die Lippen und nimmt einen großen Schluck.

»Seit der Geburt?«

»Nein, erst seitdem ich selbst Geld verdiene.«

Auch wenn Benfica Lissabon nicht zu den internationalen Erfolgen anderer europäischer Spitzenteams aufschließen kann, ist der Verein in Portugal eine Macht. Etwa sechs Millionen Fans im eigenen Land, vierzehn Millionen weitere von Brasilien bis Osttimor, überall dort, wo Portugal seinen kolonialen Fußabdruck hinterlassen hat. Knapp 200 000 zahlende Vereinsmitglieder unterstreichen diese Autorität, machen Benfica nach Bayern München zum zweitgrößten Fußballclub der Welt. Viele davon seit der Geburt – ein Stempel, den fußballverrückte Eltern ihren unschuldigen Kindern aufdrücken.

Um das Volk ruhigzustellen, machte sich Diktator Salazar Portugals Lebensphilosophie der »drei Fs« zunutze: Fußball, Fatima und Fado. Seiner Ansicht nach brauchten die Portugiesen, um zufrieden zu sein, nicht mehr als Sport, Religion und nostalgische Musik. Um seine populistischen Slogans unter die Menschen zu bringen, verführte er ihre Sinne und lenkte sie so von ihrem harschen Alltag ab.

Tatsächlich aber öffnete der Fußball eines der wenigen Fenster, durch das die Portugiesen etwas von der Welt »da draußen« anschauen konnten. Dann nämlich, wenn ihr Nationalteam ein Auslandsspiel zu bestreiten hatte. Eine Partie, die so manche Sorgen vertrieb, vergessen ließ – zumindest gute zwei Stunden lang, mit Verlängerung und Elfmeterschießen vielleicht sogar drei.

Denkt man heute an Portugal, fällt einem unweigerlich Fußball ein. Zu Recht, denn für diesen Sport begeistern sich ganze Familien, im Stadion wie vor den Bildschirmen, auf die sie andächtig starren wie beim Gottesdienst auf den Altar. Bei näherer Betrachtung stechen drei Clubs heraus, die in der nationalen Liga den Ton angeben. *Os três grandes*: Benfica und Sporting aus der Hauptstadt und der Konkurrent aus dem Norden, FC Porto. Bei letzterer Mannschaft schüttelt mein Sitznachbar Miki noch stärker den Kopf als beim Stadtrivalen Sporting. »Porto«, sagt er, »da regnet es doch nur.« Als ob die klimatischen Bedingungen über die Qualität einer Mannschaft Auskunft gäben. Aber ja, wer in Lissabon lebt und gut 2800 Sonnenstunden im Jahr genießen kann, hat leicht reden – nicht nur um die fußballerische Vorherrschaft im Land. Umgekehrt bezeichnen die Bewohner aus dem Norden die Hauptstädter als *alfacinhas*, Salatköpfe, ein Name, der auf die Herrschaft der Mauren zurückzuführen ist, als in und um Lissabon herum Blattsalat in großem Stil angebaut wurde.

Kosenamen hin oder her, auch der FC Porto ist keine üble Mannschaft. Zusammen haben die drei genannten Teams – bis auf zwei Ausrutscher – jede Meisterschaft seit der Ligaeinführung 1934 gewonnen. Und wie in jeder Hauptstadt, die etwas auf sich hält, gilt auch in Lissabon das Derby der beiden ansässigen Clubs als Prestigeduell, bei dem es um viel mehr geht als nur um den Sieg in diesem einen Spiel. Der Gewinner des *dérbi eterno* beansprucht für die kommenden

Monate, bis zum nächsten Aufeinandertreffen, Lissabons Fußballthron. In einer Stadt, die so fußballsüchtig ist, dass es gleich zwei Tageszeitungen gibt, die sich vorwiegend mit Fußball beschäftigen – *A Bola*, die Benfica nahesteht, und *Record* für Sporting –, hat so ein Spiel eine ähnlich existenzielle Bedeutung wie die Frage, wo es die besten *pastéis de nata* Lissabons gibt.

Benfica gegen Sporting, die Roten gegen die Grün-Weißen, Adler gegen Löwen, Arbeiter gegen Adel. Exakt 2290 Meter Luftlinie liegen zwischen den beiden Fußballtempeln von Lissabon, keine dreißig Gehminuten entlang einer Schnellstraße, die nach der portugiesischen Fußballlegende und Ex-Benficaspieler Eusébio benannt wurde. Und doch trennen die beiden Vereine Welten. Die Rivalität der Mannschaften geht zurück auf das erste Derby im Jahr 1907: Kurz vor der Partie wechselten acht Spieler vom armen Benfica zum finanzstarken Sporting und lösten damit einen Eklat aus. Die Antwort auf das Warum bleibt wohl für alle Zeiten spekulativ. »Bessere Arbeitsbedingungen«, sagen *benfiquistas* und belächeln den verfeindeten »Schnöselclub«. Eine Rebellion gegen das Exklusivrecht Benficas, ausschließlich portugiesische Spieler zu verpflichten und gute ausländische Spieler auf der Bank verschimmeln zu lassen, sagen die Fans der Grün-Weißen. Als Sporting das erste Aufeinandertreffen auch noch mit 2:1 gewann, war eine lebenslange Feindschaft vorprogrammiert. Seitdem standen sich die Kontrahenten über dreihundertmal gegenüber, wobei Benfica mehr Siege für sich verbuchen konnte als Sporting.

Auch heute wäre alles andere als ein Sieg für die Adler eine Überraschung. Daran zweifelt auch Miki nicht. Dennoch: Egal, wie viel Aufmerksamkeit die wochenlange Vorberichterstattung lokaler Medien erregt hat – ganz Lissabon spricht seit Tagen über nichts anderes –, das Spiel ist träge. In der dritten Minute schießt Benfica-Verteidiger Ferro beinahe ein Eigentor. Ein Raunen des Entsetzens geht durch die Bar. Miki springt auf, greift sich auf den Kopf, ein schüchternes *foda-se* haucht von seinen Lippen. »Fuck«.

Vierzig lange Minuten und mindestens ebenso viele *foda-se*-Flüche dauert es, bis der Favorit zur Erlösung trifft. Endlich. Mit dem linken Fuß netzt Rafa lässig zum 1:0. »Göttlich!«, schreit Miki. In der Bar fällt kollektiv ein Stein vom Herzen, die in Unterzahl befindlichen Sporting-Fans gehen unter im Jubelrausch der *benfiquistas*, die springen, grölen und die Arme in die Luft reißen. Während die Menge tobt, halte ich mich zurück, lächle freundlich, als ich verhalten mit Miki einschlage, tue so, als ob auch mich dieses Geschenk des Himmels erreicht hätte.

Auch nach der Halbzeitpause bleibt die Partie müde, ist geprägt von Fouls, Gelben Karten und »sterbenden« Spielern, die auch in Theatern auftreten könnten. Ein hässliches Spiel, bin ich mir mit meinem neuen Freund einig, der sich bei jedem Fehlpass und jeder vergebenen Minichance windet. *Foda-se!* Als in der sechzigsten Minute Pizzi den Ball präzise ins rechte Eck einlocht, ist die Vorentscheidung gefallen. Während um mich herum erneut kollektiver Wahnsinn ausbricht, spüre auch ich beim zweiten Tor eine gewisse Erleichterung, denn ich weiß, dass die Roten heute als Sieger vom Platz gehen werden – und für das Allgemeinwohl in der Bar scheint mir das zuträglicher.

Nur vier Minuten später freue ich mich tatsächlich, denn Benficas drittes Tor ist ein sehenswerter Freistoßtreffer von Grimaldo. Die *benfiquistas* in der Bar zeigen ihren Übermut. »*Mais quatro*«, schreien sie im Chor, »noch vier«, um die blamable Allzeit-Rekord-Niederlage von 1986 zu revanchieren. Damals gewann Sporting das Aufeinandertreffen in der Liga mit 7:1. Ein Ergebnis, das in der Vergangenheit auftauchte und in der Vergangenheit wieder versank. Heute können die Löwen nur mehr von solchen Erfolgen träumen. Versteinerte

Mienen daher bei den *sportinguistas* zu meiner Linken. Für sie gibt es heute nichts zu holen.

Dass Pizzi mit dem linken Fuß ins lange Eck eingeschoben und auf 4:0 erhöht hat, erfahre ich, als ich von der Toilette zurückkehre. Die Jubelschreie habe ich schon vernommen, während ich mir Hunderte Benfica-Sticker am WC ansah. »*Mais três*«, schreit der Chor, »noch drei«. Aber es reicht nur noch für ein letztes Tor zum 5:0 in der Nachspielzeit. Chiquinho grätscht den Ball irgendwie über die Linie. Der Schiedsrichter pfeift ab, beendet den Horrorabend für die Sporting-Spieler, die zu Boden sinken, ihre verletzte Ehre unter den Trikots verstecken und dort heimlich schluchzen. *Até morrer*, lautet auch der Schlachtruf der Grün-Weißen, »bis zum Tod«, den sich am heutigen Abend so mancher *sportinguista* herbeiwünscht. In der Bar springen und tanzen die *benfiquistas*, sodass ich gar keine andere Wahl habe, als »unser« Team zu feiern. *Viva Benfica*.

Mit eiserner Disziplin haben Miki und ich auf jedes gefallene Tor jeweils gleich zwei Biere gekippt, dazu etliche Snacks verdrückt: *batatas fritas*, Knoblauchwurst-Bällchen, *choco frito*, frittierte Tintenfischstreifen, und natürlich *tremoço*, in Salzlauge eingelegte Lupinenkerne. Die Zeche übernimmt er, trotz meines Widerstandes. »Ach«, sagt Miki, »hätte Sporting gewonnen, dann vielleicht. Aber heute ist ein guter Tag, das geht auf mich.«

Bei der anschließenden Trophäenübergabe lässt es sich der portugiesische Präsident Marcelo Rebelo de Sousa, den hier alle Marcelo den Selfie-König nennen, nicht nehmen, persönlich Medaillen und den Pokal zu überreichen. Rührend, wie das Staatsoberhaupt die Spieler umarmt, als wären sie seine Söhne. Keine Spur von diplomatischer Distanz.

»*Mais uma*«, schreit Miki, grinst und meint damit nicht, ein letztes Glas zu Benficas Siegesehren zu trinken. Gemeint ist ein zusätzlicher Titel für die Adler. Mit dem heutigen Erfolg haben sie mit Sporting gleichgezogen im Duell um die Supercup-Siege. »*Mais uma*«, sage ich. »Noch einer.« Benebelt von Alkohol und Siegesrausch, umarmen wir uns zum Abschied, versprechen einander einen gemeinsamen Stadionbesuch und verschwinden in unterschiedlichen Richtungen in die Lissabonner Nacht.

Am nächsten Morgen titelt die benficanahe Tageszeitung *A Bola* ein einzelnes Wort: *Vermelhão*. Zinnoberrot. Unterzeile: »Adler verspeisen Löwen und holen sich den achten Titel der Geschichte«. Darüber zu sehen: Benfica-Kapitän Jardel, der den *Supertaça*-Pokal in die Luft stemmt, umgeben von seiner feiernden Siegermannschaft und Konfettiregen. 160 000 Menschen werden dieses Blatt lesen, so wie jeden Tag. Beinahe doppelt so viele wie die auflagenstärkste Tageszeitung Portugals, *Correio da Manhã*.

Vermutlich auch mein neuer Freund Miki, der mir eine Nachricht schickt. »Bist du bereit, deine Liebe für Benfica einzugestehen? Dann nehmen wir dich als Mitglied auf.«

»Ich denke, ich bleibe neutral«, schreibe ich zurück, setze einen Smiley hintendran.

»Dann können wir nicht weiter befreundet bleiben«, schreibt Miki.

»Hahaha«, antworte ich.

Doch Miki scherzt nicht. Ich höre nie wieder von ihm.

Regen

Dumpf knallen die ersten Tropfen auf die Dächer. Schwer und bedrohlich klingen sie, wie Granateneinschläge in der Ferne. Ein Blick aus dem Zimmerfenster verrät, dass auf der anderen Seite des Flusses über Jesus' Kopf bereits eine düstere Wolkendecke hängt, blaugrau wie Beton. Schützend breitet er seine Arme über Lissabon aus, als wolle er persönlich das Schlimmste fernhalten, das kurz darauf vom Himmel fällt. Ein Wolkenbruch. *Chover* bedeutet im Portugiesischen »regnen«. *Chover* heißt aber auch »im Überfluss«. Und genauso schüttet das Wasser bald darauf von oben herab. Als ob Lissabon weinte.

Dauerregen, der so laut auf das metallene Gesims trommelt, dass er Unterhaltungen unmöglich macht, Schlafende nächtens aus den Träumen reißt, das Poltern und Quietschen in der Wohnung über mir übertönt, gar den bellenden Haushund ruhigstellt.

Nasskalt präsentiert sich die Stadt von ihrer melancholischsten Seite, verwandelt sich binnen Augenblicken in eine Geisterstadt: Der Regen übertönt das Gerede und Getrampel der auf schmalen Trottoirs Schutz suchenden Frauen und Männer, die ratternden Rollen der Köfferchen, die sie über den

Pflasterstein schleifen. Er bringt auch das Kreischen der Straßenbahnen zum Schweigen, die sich die hügeligen Kurven hochwinden. Kirchenglocken verstummen ebenso wie die Möwen, die dem Klatschen millionenfacher Tropfen auf den Boden lauschen. Selbst die Nebelhörner quälen sich durch den lärmenden Regenschleier hindurch, ebenso das Dauerrauschen der Autos, die über die Brücke des 25. April donnern. Nur schwach sind sie zu hören, wie auch die Wehklänge aus den Fado-Bars und der Maschinenlärm von überall dort, wo gebaut wird.

Von den Dachziegeln rauschen Bäche herab, stürzen auf das Kopfsteinpflaster, als entleerten Wäscherinnen ihre Kübel mit Schmutzwasser aus dem Fenster. Das Trottoir freut sich über die bitter nötige Säuberung, doch die Straßen verwandeln sich nun in schmierige Glätte, bringen vermehrt Passanten zu Fall. Der Regen spült den Dreck aus den Fugen der Pflastersteine, trägt ihn bergab zum Tejo, färbt das Hinwogen des Flusses nun lehmbraun statt jadegrün. In den Bahnschienen der ebenen Baixa sammelt sich Schlick, schwillt zu trüben Pfützen an. Die Frische des Regens reinigt den Kopf, ordnet Gedanken und Emotionen.

Und während draußen ein Unwetter durch die Gassen peitscht, Donner kracht, als stünde der Weltuntergang bevor, Autos im Vorbeifahren Wasser aus Pfützen auf die Bordsteine spritzen und die feuchte Kälte sich bis zu den Knochen durchfrisst, tröpfelt es monoton von der Decke auf den hölzernen Zimmerboden: klatsch, tropf, platsch.

Kauderwelsch

Was haben Madonna und ich gemeinsam? Auf den ersten Blick nichts, bei genauerer Betrachtung zumindest dreierlei. Wir sind keine *lisboetas*, leben aber zeitweise in Lissabon. Wir können nicht singen. Und wir straucheln mit der portugiesischen Sprache. Die Queen of Pop sagte einmal über die gemeinsamen Mitbürger: »Ihr habt eine Sprache erfunden, die niemand aussprechen kann.« Niemand außer den *lisboetas* selbstverständlich. Das klingt nach Neid – zu Recht, aber es macht die Wahrheit nicht weniger wahr.

Wann genau Madonna das bewusst wurde, weiß ich nicht. Mir klingelte es, als ich in einem Bioladen *pão* kaufen wollte, also Brot. Nachdem ich der etwa fünfzigjährigen Verkäuferin mitteilte, dass ich gerne *pau* hätte, also einen Schwanz, sie gar löcherte, ob sie denn keine Schwänze verkaufe – und sie das mit entsetzter Miene stets verneinte –, wurde auch mir klar, dass der Unterschied zwischen harmlos und vulgär im Portugiesischen oft in einem einzigen Buchstaben und einer kleinen Welle über dem Vokal liegt, die man Tilde nennt. Zudem führte der Laden gar kein Brot.

Mir geht es mit dieser Sprache wie dem Protagonisten Phillip Winter in Wim Wenders' Spielfilm »Lisbon Story«.

Als er sich im Auto auf dem Weg von Frankfurt nach Lissabon eine Kassette mit portugiesischen Beispielsätzen anhört, verzweifelt den Kopf schüttelt und sagt: »Das lern ich nie.« Und es dennoch weiter versucht.

Warum es zwischen Portugiesisch und mir nie wirklich funkte, gehört wohl zu den ungelösten Fragen meines Lebens. Zum ersten Mal in Kontakt mit der Sprache kam ich im Alter von fünfzehn Jahren. Ein Schulsemester lang lernte ich Portugiesisch – besser gesagt, ich versuchte die Sprache zu erlernen. Mein brasilianischer Lehrer brachte mir *o mais importante* bei, das Allerwichtigste, mit dem ich in seiner Heimat durchkommen würde: Kosenamen für Frauen, Schimpfwörter für Männer, Zahlen und nützliche Phrasen für den Alltag wie »*Ronaldo, o Brasil te adora* – Ronaldo, Brasilien liebt dich«. Gemeint war der alte Ronaldo, jener mit Glatze und Wampe, nicht der portugiesische mit falschem Gebiss und Waschbrett. Ein weiterer Unterschied zwischen den beiden Fußballspielern? Ihr Portugiesisch. Verglichen mit dem Brasilianischen, das gesungen wird wie Bossa Nova, klingt das Portugiesische nach Rammstein'schen Lauten. Seitdem hat mich die Sprache immer wieder begleitet, trat kurz in mein Leben und verabschiedete sich genauso schnell wieder.

War es damals in der Schule schon nicht einfach, wurde es im Erwachsenenalter noch schlechter. Oftmals versuchte ich mich an Kursen und Privatunterricht. Der in meiner Fantasie stattfindende Katzensprung von *français* und *español* zu *português* entpuppte sich als Fehleinschätzung. Es sollte nicht sein. Zwischen der Sprache und mir entflammte keine Leidenschaft.

Im Gegensatz zu Manuel Matos Monteiro, der mit der Sprache selbst nicht zu kämpfen hat. Für ihn sind grammatikalisch richtige Sätze auf Portugiesisch wie Morphium, das ihn besänftigt. Man könnte ihn als einen zu Fleisch gewordenen Duden des Portugiesischen bezeichnen. Wahrscheinlich kann er darum seine Frustration nicht verstecken, die er tagtäglich verspürt. Etwa wenn er Zeitung liest, Radio hört oder Menschen auf Lissabons Straßen sprechen hört. Monteiro führt Krieg, aber als Einzelkämpfer scheint sein Gegner ein unbesiegbarer: das sprachliche Verebben seiner Landsleute. Der Lissabonner Autor, Journalist und Lektor kritisiert in seinem 2018 erschienen Werk »Aus Liebe zur Sprache«, dass der Wortschatz der Menschen im Allgemeinen, aber jener der Portugiesen im Speziellen viel zu klein ist und sich durch die Vokabelarmut das Denken verringert. »Als ob man mit Gehstöcken auf gekennzeichneten Wegen geht«, sagt Monteiro, »da benutzt man seinen eigenen Kopf nicht.« Ich treffe ihn in einer Weinbar nahe des Cais de Sodré. Bis auf zwei Kellnerinnen, die geschäftig Flaschen sortieren und Gläser reinigen, sind zu dieser späten Nachmittagsstunde keine Gäste da. Monteiro sieht abgekämpft aus, seine müden Augen zeigen keine Regung, zwischen seinen Fingern zittert eine Zigarette.

Durch den Gebrauch fremdsprachiger Lehnwörter aus dem Englischen, Französischen und dem Galicischen, Straßenslang und Wortwiederholungen vernachlässigen die Portugiesen ihre eigene Sprache, benutzen falsche Wörter oder Wörter falsch, drücken sich schlecht aus, egal, ob geschrieben oder gesprochen. Überhaupt nicht notwendig, findet Monteiro, da diese Sprache eigentlich über einen sehr reichen Wortschatz verfüge. Kein Wunder, gibt es im portugiesischen Alphabet doch gleich dreizehn zusätzliche Buchstaben gegenüber dem Lateinischen. Beim Lernen kommt gefühlt jede Woche ein neuer hinzu. Man müsse sie nur nutzen. Manche portugiesischen Wörter haben bis zu sechzehn Synonyme, verwendet wird jedoch ein Lehnwort aus dem Englischen oder dem Französischen. Etwa das Wort *gafe*, das ich oft benutzen muss, da es Fettnäpfchen bedeutet, leitet sich von dem französischen *gaffe* ab. Allein dafür gäbe es *em português* dreizehn alternative Bezeichnungen.

Portugiesisch wird nicht nur in Portugal und Brasilien gesprochen, sondern auch in den ehemaligen Kolonien Guinea-Bissau, Angola, Mosambik sowie auf den Kapverdischen Inseln, São Tomé und Príncipe und vereinzelt auch in Osttimor, Macau und Äquatorialguinea. Insgesamt rund 240 Millionen Muttersprachler in der lusophonen Welt machen Portugiesisch zur neuntmeistgesprochenen Sprache der Erde – der Großteil von ihnen lebt in Brasilien. Jedes Land hat seine eigenen Dialekte, untereinander verstehen die Lusophonen einander mehr oder weniger gut.

Als Verfechter der Sprache kennt Monteiro natürlich nicht nur den Unterschied zwischen brasilianischem und portugiesischem Portugiesisch. Er differenziert auch die Akzente innerhalb Portugals. »Wir unterscheiden zwischen drei regionalen Aussprachen« – Monteiro weigert sich, von Dialekten zu sprechen: im Norden, in Zentralportugal mit Lissabon und im Süden. Nur die Azoren, sagt er scherzhaft, das sei eine eigene Sache. »Als ich mal dort war, habe ich die Hälfte dessen, was geredet wurde, nicht verstanden.« Da es den meisten Festlandportugiesen so geht, werden die Insulaner im Fernsehen untertitelt. Ein gerechtfertigter Affront? »Ich habe ein eigenes Wörterbuch für die Azoren«, sagt Monteiro und grinst.

Schuld an der sprachlichen Verblödung trügen auch die neuen Enzyklopädien, vor allem die digitalen, deren Inhalt quantitativ und qualitativ stetig abnehme: »Im Netz gibt es keine literarischen und etymologischen Erläuterungen mehr, auch keine Vorschläge, wie Anglizismen oder Galicismen verhindert werden können.« Wörterbucher, in denen Dutzende unterschiedliche Bedeutungen eines Wortes aufgelistet stehen, haben höchstens noch Korrektoren zu Hause – wie er selbst. Gewinnen wird Monteiro diesen Kampf nicht, zumindest nicht, solange nicht wieder mehr gelesen wird, vor allem Bücher.

Der einzige Weg, um die Sprache zu retten, sei, die Klassiker zu studieren, empfiehlt Monteiro: Fernando Pessoa, Luís de Camões, José Maria de Eça de Queirós oder Camilo Castelo Branco, ein landesweit bekannter Autor aus dem 19. Jahrhundert, der das facettenreichste Vokabular in seinen Texten verwendet habe – Wörter, die heutzutage nicht einmal mehr in Lexika stehen. »Seine Bücher sind wie ein Depot der portugiesischen Sprache«, schwärmt Monteiro, für den der sprachliche Abbau bereits in der Schule startet. »Ich bezweifle, dass der Großteil von ihnen richtig Verben konjugieren kann«, sagt er über den Nachwuchs, »gerade in Lissabon.«

Das Hauptstadt-Kauderwelsch sei nämlich zusätzlich verwaschen und schlampig, da hier Zeit so knapp sei – für ihn die einzig logische Begründung. So penibel Monteiro auch sein mag, wenn es um Konjugationen von Verben geht, umso nachlässiger ist er beim Thema Pünktlichkeit. Mit fünfundzwanzigminütiger Verspätung erscheint er zu unserem Termin. Keine Reue, keine Entschuldigung. Ich nehme es gelassen. Mittlerweile bin ich die portugiesische Flexibilität im Umgang mit der Zeit gewohnt und echauffiere mich nicht mehr so häufig darüber. Aber dass Monteiro allen Ernstes im Zeitstress des Hauptstadtwahnsinns das Grundübel in der schlampigen Aussprache der *lisboetas* sieht, stimmt sogar mich überrascht. »Außerhalb Lissabons ist der Lebensrhythmus nun einmal langsamer und daher auch das Portugiesisch sauberer«, schlussfolgert er.

Obwohl er aus Lissabon stammt und seine vierzig Lebensjahre hier verbracht hat, kann er mir – bei all der Liebe, die er für die portugiesische Sprache empfindet – nicht beipflichten, dass das Lissabonner Portugiesisch das schönste des Landes ist. Gut, darüber lässt sich streiten, gerade weil es Geschmackssache ist, welches Portugiesisch den wunderbarsten Klang hat. Es soll ja auch Menschen geben, die behaupten, der deutsche Akzent klinge schöner als der österreichische.

Monteiro jedenfalls sieht das wohlklingendste Portugiesisch auch nicht in Coimbra, jener Universitätsstadt, die die meiste Zeit als Heimat des standardisierten Hochportugiesisch galt. »Langsam kommen die Linguisten von dieser Idee ab«, sagt er. Für ihn, der wissenschaftlich-neutral bleiben möchte und daher nicht vom »schönsten oder besten Portugiesisch« spricht, kommt der Akzent aus Nordportugal, also aus Porto und Viseu, dem saubersten Portugiesisch am nächsten, da grammatikalisch korrekt.

Mittlerweile aber ist *lisboeta* das Portugiesisch der landesweiten Medien, also jenes, das in Radio, TV und Print vermittelt wird, da diese sich in der Hauptstadt angesiedelt haben und die meisten kulturellen Aktivitäten hier stattfinden. Insofern hat Lissabon auch die grammatikalische Macht über das Land inne, und darum setzt sich das Unwissen mittlerweile in Schulbüchern durch, die vom Ministerium herausgegeben werden. Darin sieht Monteiro das eigentliche Problem. »Ich schäme mich dafür, dass alle versuchen, ihre regionalen Akzente dem *lisboeta* anzupassen.«

Von solchen Sorgen bin ich weit entfernt. Ich kämpfe immer noch mit der Aussprache. All die Zischlaute, die »Chrs« und »Schs«, das viele Verschlucken von Vokalen, ja sogar ganzer Silben, und zu viele Wörter, die mit beinahe geschlossenem Mund ausgesprochen werden, dafür jedoch rasend schnell. Um das Verschlucken auszugleichen, spucken die *lisboetas* die übrig gebliebenen Konsonanten aus wie Kirschkerne. Lissabons bekanntester Dichter heißt hier nicht »Pessoa«, sondern »Psoa«.

»Nasal«, lautet Monteiros Zauberwort. Irgendwo aus der Nasenrachengegend kommen die Wörter hervor. Für ihn ist gerade das einzigartig in Portugal, der Unterschied zwischen *lisboeta* und den anderen Akzenten sei ebendieses Verschlucken oder Verschweigen von Silben. Etwa beim Verb *estar*, sein, sparen sich die *lisboetas* die erste Silbe »es«, sodass das

Verb nur noch »tar« heißt. »Unterdrücken«, nennt Monteiro diesen Vorgang. »Das tut mir in den Ohren weh. Aber vielmehr denke ich, dass es eigentlich nahezu unmöglich ist, unseren Akzent zu lernen. Warum versuchen das andere Portugiesen bloß?« Und warum ich?

Eine weitere Hürde auf meinem Weg, Portugiesisch zu sprechen, ist das unglaublich hohe Englischniveau der Einwohner. Sie machen es mir leicht: Sowohl die ältere Dame am Ticketschalter als auch der Straßenkehrer sprechen zumindest genügend Brocken Englisch, um kommunizieren zu können – viele fragen sogar danach oder wechseln im Gespräch von Portugiesisch auf Englisch. Alles nur faule Ausreden natürlich, aber die Tatsache, dass Filme nicht synchronisiert werden, sondern im Original – zumeist auf Englisch – mit portugiesischen Untertiteln im Kino laufen, hat die Englischkenntnisse der Portugiesen deutlich angehoben – lange bevor das Internet in jüngerer Zeit auch in den hintersten Winkeln des Landes einzog und damit die Sprache beeinflusste.

Monteiro schnappt sich mein Notizheft und beginnt, großräumig die Seiten vollzukritzeln. Ein Begriff pro Seite. Schade ums Papier, denke ich. Obwohl die Vokabeln orthografisch überall gleich geschrieben werden, unterscheiden sich die Akzente in der Aussprache der Wörter. Im nördlich gelegenen Porto sagen die Bewohner etwa zu *coelho,* Kaninchen, »kuehljo«. In Lissabon hingegen »koaaljo«. *Espelho*, der Spiegel, »schpehlju«. In *lisboeta*: »schpaalju«. *Como*, also wie: in Porto *kuhmo*, in Lissabon *koomu*.

Solange er noch Seiten findet, schreibt er Beispiele für das Verschwinden von Vokalen auf: Stierkampf, *tourada*. In Porto: *To-Uhrada*. In Lissabon: *Toorrada*. Paprikawurst, *chouriço*. Porto: *Scho-Urisso*. Lissabon: *Schoorrisso*. *Piscina*, Schwimmbad: in Coimbra *Pischsihna*, in Lissabon *Pschina*. Und so weiter und so fort. Als mein Notizheft keine Seiten mehr hergibt, lässt Monteiro endlich davon ab.

Manchmal kommt es mir so vor, als hätten Lissabon und ich ähnliche Sprachdifferenzen wie Aurélia und Jamie in der Komödie »Tatsächlich Liebe«. Meistens meinen die Portugiesin und der Brite dasselbe, fast immer aber reden sie aneinander vorbei, da sie sich gegenseitig nicht verstehen. Meine Nachbarin ist ein gutes Beispiel dafür. Eine gütige Frau von 67 Jahren, die immer in Kittelschürze durch das Haus läuft, einen Wellensittich auf ihrer Schulter sitzen hat und sehr redselig ist. Sie bringt mich zum Verzweifeln, denn unsere wenigen gemeinsamen Vokabeln helfen uns nicht weiter. Die seltenen Gespräche, wenn wir einander im Treppenhaus begegnen, beginnen und enden mit *»Bom dia«*, wobei sie das O verschwinden lässt und dafür das A am Ende lang zieht. Außerdem verbindet sie die beiden Wörter: »Bmdiaaaaaa«. Das ist noch der einzige Teil unserer Dialoge, den ich verstehe. Zwischendurch schnappe ich ein paar Worte auf, aber den Großteil verpassen wir wohl. Nicht, weil wir nicht gewillt sind, miteinander zu sprechen. Sie tut es ohnehin und ungefragt, quasselt auf mich ein, was das Zeug hält. Nur verstehe ich kaum ein Wort. Und sie offensichtlich auch mich nicht – was natürlich an meinen mangelnden Sprachkenntnissen liegt. Aber was ist ihre Ausrede? Sie ist *lisboeta*, sie hat noch alle Zähne, und sie ist alles andere als introvertiert. Trotzdem hört sie sich an wie eine Russin, die versucht, unter Alkoholeinfluss, Spanisch zu sprechen – und das mit vollem Mund.

Nichtsdestotrotz klingt in ihrem Ton etwas Melodisches. Ein Singsang aus verschnupften und entschuldigenden Elementen, als ob sie sich erklären müsste. Selbst wenn sie mit ihrem Mann schimpft, hört sich meine Nachbarin niedlich und zurückhaltend an, wenngleich ihre Wörter unrühmliche Bedeutungen haben. »Die Defensive in unserem Ton kommt vom mangelnden Selbstbewusstsein unserer Nation«, meint Monteiro. »Wir sind gebrandmarkt von den Jahren der Inquisition und der Diktatur. Darum hallt in unserer Sprache

Angst mit. Im Gegensatz zu den aggressiv-offensiven Tönen im Russischen oder Deutschen sind wir konservativ-introvertiert. Bei Russen bekommt man Angst, wenn sie vulgär werden, bei uns klingt das lächerlich.«

Das also ist Portugiesisch. Eine Geheimsprache eben, so wie Madonna gesagt hat.

In der Metro

Als die hagere Gestalt die Metro betritt, blicken nur jene Passagiere sie an, die nicht mit ihrem Smartphone beschäftigt sind. Die anderen verpassen etwas. Denn der Mann, vielleicht Anfang dreißig, sieht beeindruckend aus, irgendwie schräg. Seine Rastazöpfe hängen bis zu den Hüften, der eigenwillige Kleidungsstil pendelt sich irgendwo zwischen Hip-Hop und obdachlos ein. Das weiße Unterhemd ist übersät von Schweißringen und anderen Flecken, die Hose reicht von den Knien bis knapp unter den Hintern, nur die Marken-Sportschuhe irritieren in diesem Ensemble. Über der rechten Wade prangt eine Tätowierung, bestehend aus drei großen Streifen: die Reggae-Farben Rot, Gelb, Grün. Um seinen Hals baumeln mehrere Silberketten und ein Apparat in der Größe einer Zigarettenschachtel. Begegnete man ihm nicht persönlich, man könnte sich diese Erscheinung nicht ausdenken.

Im Türbereich bleibt er stehen, wiegt mit dem Kopf hin und her wie ein traumatisierter Elefant. Ist er bekifft? Ein Spinner? Weggetreten, als lebe er in einem Wunschtraum? Kaum fährt die Metro los, fummelt er an dem Apparat an seinem Hals herum, der sich als mobiler Lautsprecher entpuppt. Musik röhrt daraus: ein Beat, der ansteckt, den Kopf ungewollt mitwippen lässt. Der Mann nimmt die Baseballkappe ab, hält sie in der linken Hand wie einen Klingelbeutel. Als der Bass immer schneller schlägt und schließlich den pumpenden Höhepunkt erreicht, stolziert er los, wedelt mit dem rechten Arm in der Luft und rappt Freestyle dazu. Den Mittelgang im Waggon ablaufend, erbeutet er ein paar Münzen. Es ist zweifellos die originellste Art, nach Geld zu betteln, die ich je erlebt habe. Aus Lissabons Metro kennt man sonst nur einen Blinden, an dessen Langstock bei jedem Schritt eine befestigte Glocke bimmelt, während sein Besitzer frustriert in ein Handy schreit. Oder den betrübt blickenden Jungen mit dem Akkordeon, auf dessen Schulter ein klappriger Chihuahua zittert. Aber das hier ist Unterhaltung pur.

Will jemand nichts geben, fühlt sich eingeschüchtert, abgestoßen oder gibt sich desinteressiert an seinen Worten, bleibt der Künstler demonstrativ stehen, um auf die Person einzusingen. Ohne Aggression, jedoch mit einem extra Tick Leidenschaft. Ihre Gesichter sind nur zwei Hände breit voneinander entfernt, aber ihre Welten trennen Lichtjahre. Auch bei jenen, deren Herz zu erweichen er sich zutraut, hält er, um sein charmantestes Lächeln aufzusetzen. Und tatsächlich verwandeln sich einige ernste Mienen in der Lissabonner U-Bahn ebenfalls in ein Lächeln. Der Mann nimmt dankend an. Beides: ihr Lächeln und das Geld.

Sein Text erzählt vom Kampf auf der Straße, den er Leben nennt, wie hart es für ihn als einen von 43 000 Brasilianern sei, in Lissabon zu überleben. Dass er, wie viele seiner Landsleute, die Heimat verlassen habe, um dem rechtsextremen Diktator Jair Bolsonaro zu entgehen. Das portugiesische Innenministerium spricht von 17 000 zugezogenen Brasilianern allein im ersten Quartal 2019. Zum Vergleich: 2018 waren es rund 20 000, bereits um 23 Prozent mehr als im

Vorjahr. Heute stammt jeder fünfte Migrant in Portugal aus der einstigen Kolonie.

Bereits in den 1990er- und den 2000er-Jahren kamen viele Brasilianer ins Land, als Gastarbeiter, Tagelöhner, Glückssuchende, die Samba, Eintöpfe und eine melodische Version des Portugiesischen nach Lissabon brachten. Die neuen Zuwanderer sind andere. Seit Ekelpaket Bolsonaro das Amt hütet, wird Lissabon in den sozialen Medien brasilienweit als »El Dorado« gepriesen. Eine Lüge, wie der rappende Bettler singt – zumindest für ihn. Täglich müsse er sich Beleidigungen anhören, werde diskriminiert, verachtet. Und reich geworden sei er bisher auch nicht, wenngleich er die Mentalität dazu hätte, es fehlten ihm bloß die Mittel.

Im Gegensatz zu ihm gehören die meisten Brasilianer, die nun einwandern, der Oberschicht an, sind gebildet und wohlhabend – und viele von ihnen haben tatsächlich Bolsonaro gewählt. Während ihre Heimat politisch und wirtschaftlich vor die Hunde geht, finden sie in Lissabon Sicherheit, sehen sie die Möglichkeit auf ein besseres Leben. Also investieren sie in die Stadt, die ihnen im Gegenzug Steueroasen und Visafreiheit für den Rest Europas in Aussicht stellt. Mittlerweile sind die Brasilianer die stärkste Kraft auf dem Immobilienmarkt Lissabons, ganze Häuserzüge gehören ihnen.

Der Mann in der Metro verspricht derweil singend, keine Drogen mehr nehmen zu wollen, da sein Verstand sonst verdunkle. Und: eine Karriere als Sänger anzupeilen, zumindest auf den Flügeln seiner Fantasie. Sollte jemand Kontakte zur Hip-Hop-Szene Lissabons haben, wäre er – neben etwas Kleingeld – auch dafür überaus dankbar. Eine Station lang dauert sein Auftritt. Als sich die Türen öffnen, stoppt er den Gesang abrupt, dreht den Beat ab, fischt die Münzen aus seiner Kappe, setzt sie auf den Kopf, steigt aus – und in den nächsten Waggon gleich wieder ein.

Jardim Botanico

Wie aus einer Theaterloge blickt Raquel Barata von ihrem Bürofenster hinunter auf ein Meer pinkfarbener Kamelienblüten. Dahinter die eigentliche Bühne: ein vier Hektar großes Elysium. Kakteen aus Mexiko, Bambus aus China, Drachenbäume aus den Azoren, Feigen aus Neukaledonien, Sagopalmfarn aus Japan. Rund 1500 verschiedene Pflanzenspezies, auch aus dem Mutterland, vor allem aber aus allen Ecken der Welt – Mitbringsel der Feldzüge und Entdeckungsfahrten der einstigen Seemacht Portugal und lebende Zeugnisse einer ruhmreichen Vergangenheit. Dazwischen führen Wege zu Hochbeeten, an Teiche, Kaskaden und Lichtungen. Im Jardim Botanico de Lisboa folgt Biologin Barata seit sechzehn Jahren ihrer Leidenschaft. Stadtdichter Fernando Pessoa nannte den Garten »einen der malerischsten Parks Lissabons, ja, sogar Europas«. Weiter schrieb er über die üppige Vegetation: »Sie verleiht dem hier Versammelten einen dem Garten Eden gleichen Reichtum.«

Raquel Barata kann dem nur zustimmen, wenn sie auf ihren paradiesischen Arbeitsplatz blickt. In ihrer Forschung hat sich die 45-Jährige auf die genetische Untergruppierung von Flechten und Pilzen spezialisiert. Neben wissenschaftlichen Projekten verantwortet sie als Koordinatorin das Bildungsprogramm dieses Schlaraffenlandes. Dabei ist der *jardim* mehr als nur Arbeit. »Nicht nur die Bäume haben hier Wurzeln geschlagen«, sagt die zierliche Frau mit dem dunkelbraunen Pagenkopf. Auch sie.

Dass sich der Garten hinter meterhohen Mauern versteckt, ist zum einen sein Glück, um ein Geheimtipp zu bleiben. Andererseits wäre es Barata unrecht, wenn niemand Kenntnis von seiner Existenz nähme. Zu gern teilt sie ihr zweites Zuhause mit interessierten Besuchern, erzählt ihnen bis ins kleinste Detail darüber. Etwa über seine Entstehung.

Die geht zurück ins Jahr 1878. Eine einst von Marquês de Pombal verbannte Jesuitenkirche war Geschichte. An ihrer Stelle zog die polytechnische Schule in das Kirchengebäude und beanspruchte für sich ebenfalls das angrenzende Feld aus Büschen und Olivenbäumen. Graf Ficalho, einer der Botanikprofessoren der Schule, wünschte sich für wissenschaftliche Erkenntnisse einen botanischen Garten, dessen erster Direktor er später wurde. Er beauftragte Jules Alexandre Daveau – Franzose, Gärtner und Visionär –, der ihm in Windeseile einen landschaftsarchitektonischen Geniestreich auf dem Feld errichtet. Daveau gruppiert die Vegetation nach klimatischen Voraussetzungen und legt Kanäle so gezielt an, dass all jene Bäume, Sträucher, Blumen und sonstigen Pflanzen, die am meisten Wasser benötigen, am unteren Ende des Hanges liegen. Die höchsten Bäume formen einen Baldachin und schützen so die Pflanzen darunter. Das Dickicht gedeiht von allein, die Pflanzen kümmern sich umeinander. So gelingt es ohne Glashaus, mehrere Mikroklimata in dem Zauberland zu schaffen, von semiarid bis subtropisch, mit Temperaturschwankungen von drei Grad Celsius. »Das ist einzigartig«, schwärmt Barata, fuchtelt aufgeregt mit der Hand, als würde sie dirigieren. »Daveau war ein Zauberer, der jeden Schritt durchdacht hat.«

Nach und nach erhält der *jardim* Pflanzen vom königlichen Vorgänger im Lissabonner Vorort Ajuda, tauscht mit ausländischen botanischen Gärten Spezies aus und erhält von Naturforschern, die durch die Welt segeln, weitere Exemplare für seine Sammlung.

Als 1911 die Universität in Lissabon gegründet wird, übernimmt die Fakultät für Naturwissenschaften das Gebäude samt Garten. Später entsteht ein daran angebundenes Museum für Naturgeschichte und Wissenschaft, in das der *jardim* 1985 eingegliedert wird. Seitdem ist er dieser akademischen Einrichtung zugehörig.

Heute kann sich die Stadt glücklich schätzen, gleich über drei botanische Gärten zu verfügen: Der erste stammt aus dem 18. Jahrhundert und gehörte König José I. In besagtem Vorort Ajuda, wo sich der Herrscher gern zum Schäferstündchen mit seinen Mätressen traf, hortete er zudem Pflanzen und Samen aus den portugiesischen Kolonien, um seinem feudalen Lebensstil alle Ehre zu machen.

Der dritte und letzte wurde 1906 als *jardim colonial* geschaffen, um Männer und Frauen darin auszubilden, tropisches Saatgut aller Art zu züchten. Mit diesem Wissen brachen sie in die unterschiedlichen Kolonien Portugals auf, um dort Zuckerrohr, Kaffee und tropische Früchte wie Guaven, Bananen oder Avocados nach Wunsch und in Massenproduktion zu erwirtschaften. Der Erlös wanderte in die Taschen des Königs, diesmal jener Carlos I.

Der zweite *jardim botanico*, jener, durch den Barata führt, diente hingegen von Beginn an der Wissenschaft, der kulturellen Weiterbildung und dem Vergnügen seiner Besucher. So ist das heute noch. Die Monarchie wurde gestürzt, die Kolonien abgeschafft, mit der Wissenschaft ging es weiter.

Darum versucht Barata, die auch Psychologin ist, über den botanischen Tellerrand zu blicken. Ohne Hysterie spricht sie über Ressourcenverbrauch, Bevölkerungsanstieg, Ethik in

Medizin und Biologie. Der Garten gibt Besuchern nicht nur die Möglichkeit, abzuschalten und die Flora der Welt zu entdecken, zu flanieren und durchzuschnaufen, im grünen Dickicht verloren zu gehen und dem Plätschern der Teiche zu lauschen. Bei Kulturabenden werden solche Themen auch öffentlich diskutiert.

Richtig enthusiastisch wird Barata aber nur bei ihrem Spezialgebiet. Dann verfällt sie in einen Zustand der Ekstase. Mit leuchtenden Augen und stolzer Stimme erzählt sie, dass der Garten die weltweit artenreichste Sammlung an Palmfarnen besitzt. Dass der Hausgärtner 1895 *Dombeya x cayeuxii* gezüchtet hat, eine Hybridpflanze, besser bekannt unter »Rispiger Hortensienbaum«. Dass der *jardim* in Lissabon einer von nur sechs botanischen Gärten weltweit ist, der über das in Brasilien heimische, aber beinahe ausgerottete Kaisergoldblatt verfügt – und jederzeit lebende Samen an Brasilien liefern könnte, um den Tropenbaum dort wieder anzupflanzen.

Die letzten Jahre erinnerte der Zustand des Gartens an einen unberührten Dschungel, bis Barata und ihr Team eine Ausschreibung gewannen. Mit dem Preisgeld kämpfte sich die Biologin samt Landschaftsarchitekten und Gärtnern durch das von der Vergessenheit wuchernde Grün. Zwei Jahre blieb der *jardim* der Öffentlichkeit verwehrt, damit das verwahrloste Dickicht geschnitten, die Bäume von Schädlingen befreit und neue Wege angelegt werden konnten. Doch während drinnen die Welt stillstand, entwickelte sich das Viertel drum herum munter weiter. Príncipe Real, wie das *bairro* heißt, geizt nicht mit Geschäften, Restaurants, Bars und *miradouros*. Viele Anlaufstellen für noch mehr Menschen, die in viel zu vielen Autos, Tuk Tuks, Straßenbahnen und Bussen anrücken. Direkt vor dem Eingangstor des Gartens führt eine mehrspurige Straße entlang, auf seiner Rückseite liegt die Avenida da Liberdade, Lissabons Luftverschmutzungspumpe. »Der Garten hält dagegen«, sagt Barata voller Hoffnung. »Er reinigt die Atmosphäre.«

Und mehr noch: Der *jardim* ist eine Oase inmitten dieses geschäftigen Viertels, spendet Schatten und schenkt Stille. Geräusche kommen hier nur von oben, von allem, was Flügel hat: von gurrenden Tauben, singenden Amseln und schreienden Eulen.

Willst du Jesus sehen?

»Hallo, Notfallambulanz?«

»Ja. Guten Abend. Name?«

»Meiner oder der vom Patienten?«

»Ihrer.«

»Martin.«

»Okay, Martin, und der Name vom Patienten?«

»Lorenzo.«

»Und hat Lorenzo auch einen Nachnamen?«

»Hören Sie, das spielt doch im Moment keine Rolle, hier liegt jemand, der gerade ohnmächtig war.«

»Wie ist sein Nachname?«

»Piras, Herrgott!«

»Pirashecot?«

»Nein, nur Piras. P-I-R-A-S!«

»P-I-R-A-S. Okay, Martin. Geburtsdatum?«

»Ich denke, Lorenzo ist 33.«

»Wann wurde er geboren?«

»Das ist nicht Ihr Ernst, oder? Dieser Mann ist vor wenigen Augenblicken kollabiert, war käseweiß im Gesicht, hat die Augen verrollt und ist umgekippt …«

»… ist er auf dem Boden aufgeprallt?«

»Nein, ich konnte ihn gerade noch abfangen.«

»Na, da hat er aber Glück gehabt.«

»Ja, verdammt, aber dass ein 33-Jähriger ohnmächtig wird, ist nicht normal. Jetzt liegt er einfach nur da, bringt keinen vernünftigen Satz raus, kann sich kaum bewegen, und Sie fragen mich nach seinem Geburtsdatum? Was ist denn bloß los mit Ihnen?«

»Beruhigen Sie sich. Also, sein Geburtsdatum?«

»ICH WEISS ES NICHT!«

»Ist Lorenzo ansprechbar?«

»Mehr oder weniger.«

»Können Sie ihn bitte nach seinem Geburtsdatum fragen?«

»Das darf nicht wahr sein … Lorenzo, wann hast du Geburtstag?«

»Was …? Wieso …? Aber … Wer will das wissen?«

»Die Notfallambulanz.«

»Oh … nein … Wieso hast du die Notfallambulanz angerufen?«

»Lorenzo, bitte. Wann ist dein Geburtstag?«

»1986.«

»Ich brauche das genaue Datum.«

»21. Juni.«

»Wirklich?«

»Ich denke schon.«

»Hallo?«

»Ja, Martin?«

»21. Juni 1986.«

»Hach, am Tag der Sonnenwende! Versicherungsnummer?«

»Hören Sie, sagen Sie mir doch bitte einfach nur, ob wir ins Krankenhaus sollen oder nicht?«

»Sofort, Martin. Sagen Sie mir davor noch bitte Lorenzos Versicherungsnummer?«

»Er hat keine portugiesische Versicherungsnummer, da er Ausländer ist.«

»Ach so, wieso haben Sie das denn nicht gleich gesagt?«

»...«

»Und woher kommt Lorenzo?«

»Aus Italien.«

»Wie schön. Und wo genau in Italien?«

»Aus der Region Kalabrien. Wenn Sie mich jetzt auch noch nach seinem Geburtsort fragen, dann krieg ich die Krise.«

»Nein, das ist nicht notwendig, Martin. Also, was ist los?«

»Na ja, wir haben gefeiert, ein bisschen getrunken, ein bisschen gekifft. Dann ist Lorenzo kollabiert und liegt seitdem apathisch auf dem Küchenboden, von dem er sich nicht mehr wegbewegen will oder kann. Oder beides.«

»Vielleicht ist er allergisch auf die Kombination von Drogen und Alkohol?«

»Wer ist das nicht? Jedenfalls hat er uns allen einen Mordsschrecken eingejagt. Er will auch nicht ins Krankenhaus, aber ich habe kein gutes Gefühl bei der Sache, denn er redet nur wirres Zeug.«

»Was denn zum Beispiel?«

»Vom Krieg an der Küchendecke und im Ozean, ob ich Jesus sehen möchte ...«

»Ob Sie Jesus sehen möchten?«

»Ja. Von Brüsten in allen Formen, die ihn aus allen Richtungen anfliegen und versuchen, ihn zu küssen. Davon, dass das erste Album der Allah-Las besser war als das dritte. Und dass alles gerade wunderschön und friedlich ist.«

»Hört sich doch gar nicht so schlecht an.«

»Entschuldigen Sie, bitte? Für mich klingt das eher danach, als würde er trippen und gerade wiedergeboren werden. Er fragt auch, ob wir jetzt LSD nehmen sollen.«

»Das halte ich für keine gute Idee.«

»Hab ich ihm auch gesagt. Er brabbelt auch irgendwas davon, dass Fernando Pessoa als Dichter völlig überschätzt und als Nationalstolz der Portugiesen verherrlicht wird, obwohl Camões' Poesie viel ehrlicher ist. Und dass sich Pessoa im Grab umdrehen würde, wenn er wüsste, wofür sein Antlitz und sein Name benutzt werden.«

»Aha, was meint Lorenzo genau damit?«

»Na ja, Pessoa hat sich letztlich durchgesetzt, und seinem literarischen Talent tut das freilich keinen Abbruch, aber er hängt als billiges Poster in Wohnungen, ist abgebildet auf Kaffeetassen, T-Shirts und Schlüsselanhängern. Hotel Pessoa, Café Pessoa, Pessoa hier, Pessoa da … Diese Stadt ist Pessoa! Und kennen Sie seine bronzene Statue in Lebensgröße?«

»Vor dem Café A Brasileira?«

»Genau, die muss für allerlei Unsinn herhalten, mitunter auch sehr dumme Touristenfotos.«

»Und all das hat Lorenzo erzählt, seitdem er aufgewacht ist?«

»Ja. Also, nein, der letzte Teil ist von mir.«

»Ich finde, Lorenzo hat unrecht. Pessoas Gedichte sind um Ecken besser! Camões war ein Egozentriker und gleichzeitig voll von Komplexen!«

»Mein Herr, Ihre Meinung in Ehren, vielleicht können wir diese Diskussion ein andermal fortsetzen. Was soll ich denn jetzt mit unserem Patienten machen? Hören Sie selbst …«

»… da ist kein Krieg mehr … alles friedlich … aber weit weg von allem … da ist … dort ist … das ist … große, kleine, runde … wie Birnen, wie Melonen, wie Neonlicht … es ist wie … ich bin okay …«

»Hmm. Können Sie ihn fragen, wo er sich gerade befindet?«

»Lorenzo, wo sind wir gerade?«

»Wo …? Was meinst du?«

»Wo befinden wir uns derzeit?«

»Auf dem Boden in der Küche … unter einer Milliarde Inseln und funkelnder Lichter … die Dunkelheit … mit Jesus …«

»Wie lange war Lorenzo weggetreten?«

»Fünf, vielleicht zehn Sekunden.«

»Haben Sie ihn reanimiert?«

»Was? Nein.«

»Also ist er von alleine wieder aufgewacht.«

»Ja.«

»Er muss sofort ins Krankenhaus. Unbedingt.«

Sintra

Ihr Name ist indisch, der Akzent britisch, das Aussehen irisch. Mit ihren strohblonden Haaren, rotbraunen Sommersprossen und huskyblauen Augen glaubt niemand, dass Geeta gebürtige Portugiesin ist. Eigentlich heißt sie Maria do Carmo Stilwell, aber das ist irrelevant. Wichtiger ist folgender Satz, den Geeta, auf einer Lichtung stehend, sagt, umgeben von Hunderten Zypressen: »Ich bin angekommen.«

Wer kann das schon von sich behaupten? Dabei war die 46-Jährige nie wirklich fort aus ihrer Heimat. Fürs Studium mal in England, auf Reisen in Indien und Costa Rica. Ihr Zuhause aber ist seit jeher der Märchenwald von Sintra, keine vierzig Kilometer nordwestlich von Lissabon entlang der portugiesischen Riviera. Für Besucher aus aller Welt ist das Hinterland ein beliebtes Ausflugsziel, für die traditionelle Lissabonner Gesellschaft ein Wochenenddomizil, in der sie die Sommerfrische aufsaugen und der Großstadthektik entfliehen. Offiziell heißt das Gebiet Parque Natural de Sintra-Cascais, hat etwa die Größe Liechtensteins und wurde von der UNESCO zum Weltkulturerbe auserkoren. Seit 1981 steht der Park unter Naturschutz – jedoch ohne Schutz, denn vor Waldbränden, die beinahe jährlich in Sintra wüten, ist das Gebiet deswegen nicht gefeit. Ganz oben auf dem fünfhundert Meter hohen, bewaldeten Hügelmassiv aus Granit ragt ein jahrhundertealter Palast in den Himmel, wie einer Fantasiewelt entsprungen. Am äußersten Westzipfel wuchert der Zypressenwald des Santuário de Peninha. Sieht Geeta hier den Atlantik zwischen diesen Bäumen schimmern und die Sonne durch das Geäst sengen, wird ihr warm ums Herz. Erzählt sie jedoch von ihrer »Reise«, wie die resolute Frau ihre Erfahrungen der vergangenen Jahre nennt, wirkt sie unruhig, ihre Wohlfühlstimme klingt plötzlich bleischwer.

Alles beginnt 2014. Geeta feiert gerade ihren 41. Geburtstag. Die studierte Pharmazeutin arbeitet als Eventmanagerin für Boom, ein weltweit bekanntes Musik- und Kulturfestival in Portugal. Schlechte Bezahlung, keine sechs Stunden Schlaf pro Nacht, fünfhundert Mails pro Tag. »Ich war am Ende«, sagt sie, »und wusste, dass etwas Neues ansteht, allerdings nicht, was.« Kurz darauf streckt ein Burn-out sie nieder. Geetas Hirn ist überlastet, Aufnahmefähigkeit und Erinnerungsvermögen liegen bei null. Sie funktioniert nicht mehr. Ihren Ausweg findet sie in einer mehrwöchigen Ausbildung als *forest therapy guide*. Woche um Woche verbringt sie im Wald, umarmt Bäume, beobachtet das Gras beim Wachsen, gräbt ihre Hände in die Erde – regeneriert ihre Sinnesempfindungen. Bis ihr eines Tages ein sonderbares Erlebnis widerfährt, das ihr niemand glauben wird, ohne sie zur Spinnerin zu erklären. Sie, die gerade ein Burn-out zu verdauen hatte, die einen Nasenring und Hippieklamotten trägt, die ein rotes Herz auf dem linken Handgelenk tätowiert hat, die Bäume als ihre Freunde bezeichnet. Wer würde ihr abnehmen, dass sie gerade Zeugin wurde, einem Baum beim Atmen zugehört zu haben?

Geeta bekommt Angst. Aber just in diesem Moment weiß sie, welcher Aufgabe sie fortan folgen würde: Menschen in

Kontakt mit der Natur bringen und ihnen eine Möglichkeit bieten, wo sie diese Erfahrungen teilen können, ohne dafür be- und verurteilt zu werden.

Geeta gründet Renature. In ihrem Verein bietet sie seitdem für Gestresste, Verlorene und Interessierte geführte Spaziergänge durch Sintras Wälder an, mit dem Ziel, dass die Teilnehmer wieder in Einklang mit Mutter Erde kommen. »Der Wald ist der Therapeut«, sagt sie, »ich öffne nur das Tor.« Ihre Teilnehmer, zu denen Touristen ebenso zählen wie Mitarbeiter großer Firmen, führt Geeta am liebsten in den Zypressenwald. »Je mehr man dem Empfindungsvermögen der Umwelt vertraut, umso mehr offenbart sie sich einem. Ist man dazu nicht bereit, zeigt sie sich nicht.«

Ich bekomme eine Kostprobe. Normalerweise umarme ich keine Bäume, habe das immer etwas belächelt, aber irgendwie freue ich mich darauf. Ich blicke auf mein Handy: kein Empfang.

Erste *invitação*, wie Geeta ihre Türöffnungen im Wald nennt: Augen schließen, bequem stehen, bewusst ein- und ausatmen. Die Sinne sollen geweckt und geschärft werden. Wie lange ich so verloren dastehe, kann ich nicht sagen. Vielleicht fünf, vielleicht fünfzehn Minuten, bevor mich Geeta zurückholt. Der Effekt ist intensiv. Ich lasse umgehend meine Gedanken ziehen, verliere jegliches Gefühl für Zeit und Raum wie bei geglückter Meditation. Dafür versinke ich in meinen Empfindungen, spüre den Wind, der über Wangen und Handflächen fährt und die Härchen aufstellt, schmecke die feuchte Frische der Luft, sauge sie ein wie durch einen Strohhalm, rieche trockene Erde, lausche dem Naturorchester: Vogelgezwitscher, Bienensummen, Luftströme, Brandungsrauschen, Blättergeraschel. Das Knarren und Ächzen des nach oben hin schmaler werdenden Stammes und seines Geästs, das im Wind ausschlägt wie ein Pendel und an einen alten Schaukelstuhl erinnert. Als ich die Augen wieder öffne und mein Blick über die zahlreichen Bäume gleitet, die mich umgeben, bin ich überwältigt von der Dichte und Höhe der mit Moos bedeckten Zypressen, die aussehen, als wären sie ineinander verschlungen. Ich bemerke, dass ich lächle, einfach so. Pure Freude. Auch Geeta lächelt, zufrieden vom Rausch – ihrem und meinem. Das soeben Erlebte beruhigt, lindert, besänftigt. »Die Natur spiegelt unser Empfinden wider, und das beeindruckt mich jedes Mal aufs Neue«, sagt sie. Ihr tägliches Mantra.

Die Wissenschaft hat diesem Effekt einen Namen gegeben: Naturtherapie, besser bekannt unter *shinrin-yoku*, eine Methode aus dem Japan der 1980er-Jahre. Der Begriff, der so viel bedeutet wie »Waldbad«, war damals die Antwort der Regierung auf die beginnende Digitalisierung der Bewohner, der Entzauberten, die im städtischen Umfeld stressbedingt erkrankten und sich sozial abschotteten. Zurück zum Zauber, zurück zum Ursprung, zurück zur Natur, lautete die Devise der Japaner. Also legten sie – in Anlehnung an die jahrtausendealte Tradition der Meditation – landesweit Waldwege an, auf denen Betroffene stunden- oder tagelang wieder Luft schnappen konnten, um ihre verkümmerten Sinne zu reaktivieren. Simpel und doch tiefgehend, mit nachweislicher Verbesserung für das Immunsystem: Bäume geben Phytonzide ab, ihr natürlicher Schutz gegen Pilzbefall und sonstige Keime. Atmen wir diese ein, vervielfachen sich unsere natürlichen Killerzellen, die Soldaten unseres Immunsystems, die gegen Virus- und Tumorerkrankungen ankämpfen. Forscher haben herausgefunden, dass bereits neunzig Minuten im Wald gut zwei Wochen lang unsere Gesundheit stärken.

Bei der nächsten Einladung beobachten wir Bewegungen. Im Detail und in Stille. Eine Schnecke, die kriecht, Schmetterlinge, die flattern, Blätter, die rascheln, Äste, die sich biegen, Farne, die sich ausrollen, Harz, das aus Baumritzen quillt.

Die Idee dahinter? Bremsen, runterkommen, erden. Auf die Frequenz des Waldes schalten. Mein Gehirn befindet sich in einem Schwebezustand, fast so, als wäre ich high.

Viele mystische Geschichten ranken sich um Sintras Wald. Von Geistern und Fabelwesen ist die Rede. Tatsächlich halten Druiden und Gläubiger afrobrasilianischer Religionen wie Candomblé hier zeremonielle Riten ab. Immer wieder finden Wanderer Überreste von Tieropfern. Der eigentliche Zauber Sintras ist seine Erscheinung: Fast immer umgibt die Berge Nebel, der über Rosengärten und Tümpel wabert – und um meterhohe Granitblöcke, die aussehen, als wären sie aus dem Himmel gefallen. Luft und Erde sind meistens feucht. Aufgrund dieses Mikroklimas ist es hier gut zehn Grad kühler als unten in Lissabon.

Manche Ecken nennt Geeta *happy places*, Orte, an denen sie vermehrt Energie spürt, wo Leben, Glanz und Leichtigkeit stärker zutage treten, wo ihre Fantasie gute Elfen und Feen vermutet. Und es gibt einen Platz, den sie meidet, da von ihm schlechte Energie ausgeht. »Es spielt sich natürlich alles nur im Kopf ab«, sagt sie. »Ich sehe keine Wesen und glaube auch nicht daran. Dennoch spüren unsere Sinne Signale.«

Obwohl seit dem 14. Jahrhundert bereits königliche Sommerresidenz, dauerte es gut fünfhundert Jahre, bis – unter König Ferdinand II. – Baumexoten aus aller Welt in dem Terrain angepflanzt wurden, das ursprünglich aus Eichen-, Lorbeer- und Erdbeerbäumen bestand. So entstand das Bild der romantischen Idylle, aus der wetterbedingt schnell die Legende eines Horrorwaldes werden kann. Während unseres Spaziergangs ist der Himmel allerdings wolkenlos, Sonnenstrahlen schummeln sich durch das Geäst, zeigen keine visuelle Magie, dafür, wie der Wald im Lichteinfall glänzt und funkelt. Mystik hin oder her, Sintra verzaubert. Immer. »Sintra ist wie ein Strudel«, sagt Geeta, »wer einmal hier lebt, will nicht mehr nach Lissabon.« Nichts liegt ferner als die Metropole. Wie beruhigend ich diesen Gedanken gerade finde.

Nächste *invitação*: Es ist so weit, ich umarme eine stämmige Zypresse, lege mein Ohr an, halte inne und lausche, ob ich den Baum atmen hören kann. Ich vernehme: nichts. Einerseits bin ich enttäuscht, andererseits beruhigt es mich, da ich nun niemandem erklären muss, dass auch ich Bäume atmen höre. Als ich mein Ohr vom Stamm löse, zerstäubt das trockene Moos darauf, bröckelt Rinde vom Baum. Viele der Zypressen hier sterben ab, erzählt Geeta, darum sind sie bewachsen von Efeu, sehen aus, als würden sie erwürgt von den Schlingpflanzen oder seien seit jeher unberührt von Menschenhand sich selbst überlassen – eines jener Bilder, die Sintra Mystik verleihen. »Solange wir keine Beziehung zu etwas haben, kümmern wir uns auch nicht darum«, sagt Geeta. Eine ruhige Art von Aktivismus, in der sie Hoffnung sieht, die Menschen für mehr Umweltschutz zu begeistern.

Zweieinhalb Stunden lang spricht Geeta Einladungen aus, bis das Ende unseres waldtherapeutischen Spaziergangs folgt: die Teezeremonie. Um den Wald zu schmecken, pflückt Geeta wilde Minze, zerreibt sie zwischen ihren Fingern in einen Tonkrug und gießt heißes Wasser aus einer Thermoskanne darüber. Dazu serviert sie Apfelscheiben, Nüsse und Trockenfrüchte. Obwohl nur zu zweit, serviert sie drei Tassen. »Für den Wald?«, frage ich. »Ja«, antwortet Geeta, »als Dankeschön für das, was er uns heute gegeben hat.« Wenig später sprenkle ich die erste Tasse frisch gebrühten Minztees um die stämmige Zypresse. Ich gebe der Natur zurück, was ihr gehört. Eine Art rituelles Recycling. Hoffentlich schmeckt dem Baum der Tee genauso gut wie mir.

Vergänglicher Glanz

Wie ein Relikt aus einer anderen Zeit sitzt er an diesem Sonntagmorgen auf dem Gehweg. Vor sich auf dem Boden hat er Schuhcreme und -polierer ausgebreitet, Bürsten mit langen und kurzen Borsten, sortiert nach Größe und Farbe: schwarz, braun und weiß. Auf seinem Schoß ein fleckiges Stofftuch, das einmal blütenweiß gewesen sein muss. Gíulherme empfängt seine Kunden in penibler Reinlichkeit, trägt schwarzes Hemd, schwarze Hose und blitzblanke schwarze Lederschuhe ohne Socken.

Um ihn herum erwacht der Rossio, Lissabons Mittelpunkt. Ein rechteckiger Platz, umgeben von pombalinischen Bauten. Lediglich am nördlichen Ende prunkt das klassizistische Teatro Nacional D. Maria II., genau dort, wo früher die Inquisition tagte und tobte, zur öffentlichen Belustigung Ketzer, Juden und Andersgläubige verbrennen ließ. Zwischen Arbeitslosen, Junkies und anderen armen Schluckern, die verdrossenen Blickes ihrer Vergangenheit nachtrauern, trotten geschäftig Passanten, Lotterie- und Blumenverkäufer über die steinernen Mosaikmuster am Boden, genannt *calçadas*. Einige Touristen finden sich in der Mitte des Platzes ein, neigen ihre Köpfe hoch zur Bronzestatue Dom Pedros IV., Portugals erstem liberalen König, nach dem dieser Ort seit dem 19. Jahrhundert eigentlich benannt ist. Dessen ungeachtet nennt ihn alle Welt schlicht *Rossio*, ein Wort, das übersetzt aus dem Altportugiesischen »großer Platz« bedeutet und auf seinen Ursprung anspielt, als wichtigster öffentlicher Treffpunkt neben der Kirche – so wie er heute in vielen portugiesischen Städten zu finden ist. Von zwei Springbrunnen plätschern leise Wasserstrahlen. Eine Polizeisirene kreischt, bevor sie Richtung Nachbarsplatz, Praça da Figueira, verschwindet, der nur ein paar Schritte entfernt liegt. Aus Cafés, Restaurants und Geschäften dringen Stimmengewirr, Kindergeschrei und Kameraklicks.

Gíulherme aber bewegt sich kaum, starrt auf den leeren Sitzplatz vor sich mit der Miene eines dem Schicksal ergebenen Opfers. Seinen Nachnamen will er nicht verraten, zu groß seine Scham für den Beruf, anderen den Dreck vom Schuhwerk zu putzen. Dabei gibt es dafür keinen Grund: *Engraxadores,* wie die Schuhputzer hier heißen, haben nichts Würdeloses, vielmehr gehören sie seit dem frühen 19. Jahrhundert zu Lissabon. Heute ist die portugiesische Metropole eine der wenigen europäischen Hauptstädte, wo dieser Beruf noch immer das Stadtbild mitprägt, wenngleich er in die Vergessenheit entschwindet – und nicht wie andernorts eine Hipster-Renaissance erlebt. »Früher war man stolz darauf«, sagt Gíulherme, »heute ist es eine Arbeit, die niemand mehr machen will.«

Blutunterlaufen sind seine müden Augen. Den Mund, aus dem ein schwacher Rotweindunst entweicht, hält er halb geöffnet, als würde er auf eine Eingebung warten, die niemals kommt. Dabei wartet er nur auf Kundschaft. Dann schüttelt Gíulherme seinen grauhaarigen Kopf, kratzt seinen Stoppelbart und richtet die Augen wieder vor sich auf den Metallstuhl, der ohne Kundschaft verloren aussieht. Wie ein Thron ohne König.

»Einer von vier«, murmelt Gíulherme schließlich und hält vier knochige Finger in die Luft, die Kuppen verhornt, die Nägel abgewetzt. Vier *engraxadores* gibt es noch am und um den Rossio herum. Vor wenigen Jahren zählten die Schuhputzer noch gut zwei Dutzend, darunter auch zwei Frauen, eine davon – so will es die Berufslegende – sogar eine Ärztin, die sonst keine Arbeit fand. Die Geschichte ist unvollständig, aber die volle Wahrheit versteckt Gíulherme genauso wie seinen Lebensmut. »Wir sterben aus«, flüstert er, dann schüttelt die dürre Gestalt ein kurzes Lachen aus der Brust, das in den Ohren schmerzt, so bleiern und vergänglich klingt es, »aber noch bin ich nicht tot.«

Verstorben hingegen ist die Konkurrenz. Oder verzogen, hat aufgegeben, den Beruf gewechselt. Regen und Kälte sind Gíulhermes größte Gegner – und die Tatsache, dass immer weniger Füße in Lederschuhen stecken. Die Zeiten der langen Warteschlangen von Männern und Frauen, die ihrer Fußbekleidung neuen Glanz geben lassen wollen, sind vorüber, aber Gíulherme gibt nicht auf. Die Ungerechtigkeit dauert fort, sagen seine Augen. »Ich muss essen«, sagt er.

Darum fährt er täglich mit der Metro von Pontinha, Lissabons nördlichem Stadtrand, zum Rossio. Im Schatten eines Jacarandabaumes, der dem Platz im Frühsommer ein violettes Blätterdach beschert, baut er sein Sitzkistchen auf, legt sein Arbeitsgerät zurecht, borgt in einem der angrenzenden Cafés einen Metallstuhl aus und: wartet. Sechs Stunden lang. Täglich. Seit über dreißig Jahren. Davor arbeitete Gíulherme beinahe genauso lange auf dem Bau – und davor war er ein vaterloses Kind. Seine Schule war die Straße, dennoch schreibt und liest der Sechzigjährige – wie ein Sechsjähriger. »Unterwegs irgendwie aufgeschnappt«, sagt er.

An guten Tagen kehrt Gíulherme mit fünfzehn Euro nach Hause zurück, das entspricht fünf geputzten Schuhpaaren.

Manchmal sind es nur neun Euro und oft gar nichts. Heute scheint kein guter Tag zu werden.

Um exakt 10:42 Uhr setzt er den Daumen an den Mund und kippt den Kopf in den Nacken. *»Copa!«*, brabbelt Gíulherme, ein Gläschen, als fühle er sich dadurch freigesprochen von seiner Arbeit. Kurz darauf verschwindet er in einer Seitengasse des Rossio, geht schnurstracks an die Theke einer Schnapsschenke und bestellt *vinho tinto*.

»Nice!«

Lisboetas sind weltberühmt: als Melancholiemusiker, Feingebäckgenies und Genussmenschen. Pünktlichkeit und Effizienz hingegen zählen nicht zu ihren Stärken. Einen Termin bei einem Installateur oder einem Elektriker zu bekommen zählt beispielsweise zu jenen Geduldsproben, an denen ein Mitteleuropäer wie ich nur scheitern kann. Klassisch portugiesisch bedeutet: warten, hoffen, beten.

Mit sechs Wochen Wartezeit ist man dabei noch gut bedient. Wenn der Profi-Heimwerker endlich kommt, kann es teuer werden. Darum sehen sich viele *lisboetas* nach preiswerten Alternativen um, aus reiner Selbsthilfe. Aber egal, ob Fachmann oder Möchtegernprofi – ist einer der beiden endlich am Werk, braucht er mit ziemlicher Sicherheit mindestens einen zweiten Anlauf für die Reparatur. Dann nämlich, wenn die verrichtete Arbeit so oberflächlich war, dass das ursprünglich oftmals kleine Problem kurze Zeit später zu einem Notfall anwächst.

Wie in meinem Fall. Meine Vermieterin ist großzügig, bestellt einen nagelneuen Boiler, damit auch ich in den Genuss von Warmwasser komme. Nach Wochen trudelt das Gerät ein. »Der Installateur weiß schon Bescheid«, sagt sie,

»er kommt bald.« Wir warten, hoffen und beten – und werden vertröstet. Auf den nächsten Tag, auf die nächste Woche, auf Sankt Nimmerlein.

Irgendwann entfährt meiner Vermieterin ein Geistesblitz: »Celestino!« Sie ruft ihre Geheimwaffe an, deren Name übersetzt der »Himmlische« bedeutet. Dieser kündigt sich prompt für den gleichen Abend an und läutet auf den Glockenschlag Punkt 20:00 Uhr an der Tür. Ein kleiner, älterer Herr mit grauem Haar, Brille und einer tiefen Denkfalte auf der Stirn, die er ständig runzelt. Celestino erscheint in Jeans und Hemd, frisch rasiert und mit einem Gesichtsausdruck, der nur eines verrät: Engagement. Wird dieses Geschenk des Himmels zum Held dieser Geschichte, ohne dass er das ahnt?

Es ist Liebe auf den ersten Blick.

Er will Englisch sprechen, um seine Sprachkenntnisse zu verbessern. Gerne. *»Nice«*, meint Celestino. Danach bleibt er still, meldet sich erst wieder zu Wort, als das Wasser aus den Rohren ihn von oben bis unten vollspritzt. *»Nice«*, sagt er mit Engelsgeduld, die am Sarkasmus kratzt, jedoch ernst gemeint ist.

»Nice« findet er auch die kaputte Waschmaschine in meiner Wohnung, den jämmerlichen Wasserstrahl aus dem Hahn und die Tatsache, dass die Gasflasche, die dem Boiler als Ressource dient, undicht ist. Große Redner klingen anders.

Während Celestino an den Leitungen herumbastelt, beginne ich zu zweifeln. Dieser Mann ist sicher kein Installateur, auch kein begabter Wichtigtuer, eher ein pensionierter Hobbybastler. Doch wie frage ich bloß nach seiner Expertise, ohne mein Gesicht zu verlieren oder ihn zu beschämen? Ich versuche es mit Charme: »Wie lange sind Sie schon pensioniert?« Celestino unterbricht die Arbeit, richtet seine Brille, runzelt die Stirn, sodass die Denkfalte bösartig auf mich gerichtet ist, und antwortet: »Ich bin erst 47.«

Jetzt ist alles egal, ich frage direkt nach seinem Beruf.

»Ich bin Grundschullehrer«, antwortet er völlig unbeeindruckt von meiner Frage.

Hoffentlich nicht Turnen und Religion, flehe ich innerlich.

»Physik und Chemie«, sagt Celestino.

Na immerhin. »Und warum die Installationen?«

»Ich habe meinem Vater öfter mal dabei zugesehen.«

Das beruhigt. »Ach so, dann war der also Installateur?«

»Nein, der war auch Lehrer.«

»Nice«, denke ich und störe den *mestre* besser nicht weiter bei seinem Tun.

Keine zwei Stunden später dampft tatsächlich heißes Wasser aus allen Hähnen. Celestino lächelt zufrieden. *»Nice«*, sagt er ein letztes Mal, kassiert dreißig Euro und die kaputte Waschmaschine und verabschiedet sich.

Zehn Tage später steht er wieder vor meiner Tür, pünktlich, wie vereinbart. Der Boiler funktioniert nicht. Celestino schraubt die Abdeckung ab, fingert an ein paar Drähten herum, wechselt die Batterien für den Zünder. Nichts. Noch nicht einmal ein müdes *»Nice«*.

»Ich kann das nicht«, sagt er. »Da brauchst du wohl einen Fachmann.«

Literarische Weltrekorde

Eigentlich ist Paulo Simão Machado Carneiro, kurz Simão genannt, ein netter Mann. Beim Betreten seines Ladens jedoch wirkt die zartgliedrige Gestalt zurückhaltend, grantig, fast schnippisch. Er versteckt sich in einem Eck hinter seinem Schreibtisch, spielt mit einem Kugelschreiber zwischen den Fingern, tippt am Computer herum, antwortet desinteressiert, versprüht kein Verlangen nach Kontakt.

Bevor Simão zum wahrscheinlich misanthropischsten Buchhändler Lissabons wurde, priesen ihn lokale Medien als jüngsten Vertreter der städtischen *alfarrabista*, der Bücherantiquare. Diesen Beinamen erhielt der damals 33-jährige *portuense*, also ein gebürtiger Bewohner Portos, bei seinem Umzug nach Lissabon. Elf Jahre später haftet dieser Titel noch immer an ihm. Für Simão ist das mehr Qual als Auszeichnung, denn er hasst Titel, Namen – und vor allem Rekorde.

Davor war Simão Weinproduzent, arbeitete in der Ölindustrie und zuletzt als Chemie und Physikprofessor. 2008 hängte er seinen Laborkittel an die Wand und widmete sich vollends seiner großten Leidenschaft, die ihn heute noch antreibt: Büchern.

Im Herzen Lissabons, an einem halb versteckten Treppenaufgang Richtung Maurenburg, dem Kastell von São Jorge, wo täglich Legionen von Beinpaaren über die Stufen aus glattem Kalkstein stapfen, übernahm er einen alten Tabakladen und machte daraus ungewollt das bekannteste Bücherantiquariat der Stadt: Mit vier Quadratmetern gilt seine *livraria* als kleinste Buchhandlung der Welt. Neben dem Besitzer, seinem Schreibtisch und gut 4000 Büchern findet gerade einmal eine Person darin Platz. Allerdings nur, wenn die Eingangstür geöffnet ist und einige Bücher außerhalb des Geschäfts zur Schau gestellt werden.

Egal, wie sehr sich Simãos *livraria* unter dem Schatten spendenden Rundbogen São Cristovão versteckt, als Geheimnis gilt die Buchhandlung nicht mehr, seitdem geführte Touristengruppen haltmachen, um auf sein Geschäft hinzuweisen. Blogs, Medienberichte und Mundpropaganda trugen zur Bekanntheit der *livraria* bei. Ein Ruf, der Simão unangenehm ist, da er mit seinen Büchern am liebsten im Stillen sein will. Doch alle paar Minuten hält ein ausländischer Besucher den Kopf herein, schießt ein Foto, stellt die immer gleiche Frage, bevor das Interesse wieder schwindet: »Ist das wirklich die kleinste Buchhandlung der Welt?« Simão, der wie ein trauriger Insasse in seiner Zelle sitzt, deren Wände Bücher formen, blickt dann vom Computer auf und antwortet, als müsse er über jedes Wort nachdenken: »Mag sein.« Oder: »Ich weiß es nicht.« Oder: »So steht es geschrieben.« Mit Sicherheit wissen kann er es tatsächlich nicht. Und eigentlich ist es ihm auch egal.

Viel lieber wäre ihm, dass mehr Besucher bei ihm kaufen oder zumindest Interesse am Inhalt seines Ladens zeigen, als nur nach dem Weltrekord zu fragen. Als »universell« bezeichnet er seine *livraria* und ihre Auswahl an Literatur, vorwiegend Gebrauchtware, die in vielen Sprachen und ebenso vielen Genres die Regale bis zur Decke füllt. Von Peter Pan über Romane Nobelpreis tragender Autoren bis hin zum geschichtlichen Epos des osttimoresischen Unabhängigkeitskrieges reicht die Spanne. Ein geordnetes Sammelsurium an Weltliteratur. Gern würde Simão wirklich lesehungrige Kunden beraten, Werke empfehlen, wertvolle Erstteditionen verkaufen, aber dazu kommt es viel zu selten. Zumeist sind es Freunde und Bekannte, die etwas bei ihm erwerben.

»Es ist, als ob ich ein Monster geschaffen hätte, das völlig autonom überlebt«, sagt er mit zynischem Ton über seinen Buchladen. »Und ich als sein Erzeuger lebe in ihm, aber nur im Hintergrund.« Einst hieß sein Monster »Trieste«, aber selbst der Name kam ihm abhanden, da Reiseführer, Blogger und Besucher einen anderen Namen in die Welt hinaustrugen. Heute kennt den Buchladen jeder schlicht als »Simão«.

Keine sechshundert Meter entfernt von Simão, mitten in der Rua Garrett, der Hauptschlagader des Nobelviertels Chiado, findet der Buchhandel in völlig anderen Sphären statt. In der Eingangsauslage der *livraria* Bertrand springt einem zuallererst eine Plakette ins Gesicht, die auf einen anderen Rekord hinweist: Errichtet 1732, die älteste Buchhandlung der Welt. Unterzeichnet: Guinnessbuch der Weltrekorde. Auf den zweiten Blick gibt es hier ähnlich viele Besucher wie Bücher. Ein Gewusel an Männern, Frauen und Kindern, vorwiegend Touristen, die – ohne etwas zu kaufen – durch die sieben heiligen Hallen Bertrands marschieren wie durch ein schlauchartiges Museum, jeder Raum benannt nach einem portugiesischen Weltliteraten aus einer anderen Epoche. Ein Spaziergang durch die Literaturgeschichte.

Auch wenn sie unterschiedlicher nicht sein könnten, haben die *livrarias* von Simão und Bertrand eines gemeinsam: die schwindenden Leser und damit verbunden die sinkende Zahl der Käufer. Selbst Bertrand, mittlerweile eine Kette mit 54 Filialen in ganz Portugal, klagt über ein Verlustgeschäft seit der Wirtschaftskrise, da die Portugiesen dringendere Sorgen haben, als Bücher zu kaufen. Nach einigen harten Jahren, in denen die Buchhandlung einen Einbruch von bis zu vierzig Prozent hinnehmen musste, ist der Kopf nun aus der Schlinge. Andere Buchläden hatten weniger Glück. Allein in Chiado, traditionell das Viertel der Künstler, Literaten und Verleger, mussten etliche alteingesessene Buchläden schließen, da sie die Krise 2011 in die Knie zwang. Bertrand spielte das natürlich in die Hände.

»Wollen Sie einen Stempel?«, höre ich eine Verkäuferin an der Kasse fragen. »Einen Stempel?«, antwortet die Kundin erstaunt, nickt ahnungslos und händigt das gekaufte Werk aus, Antonio Tabucchis »Lissabonner Requiem«. Deutschsprachige Edition. Kurz darauf prangt tintengetrocknet auf der ersten Seite: »Dieses Buch wurde in der ältesten Buchhandlung der Welt gekauft.«

Alles in dieser Buchhandlung lädt zum Erwerb ein: die eleganten Hinweisschilder, die die Gemäuer zwischen den Hallen zieren und auf denen die Geschichte der *livraria* erzählt wird. Die handgefertigten Holzregale und Wandkabinette, die gut 70 000 Bücher tragen, jedes Genres, jeder Epoche. Die gepflegten Kreuzgewölbe an der weißen Decke. Die Türme aus Neuerscheinungen und Bestsellern, die auf massiven Holztischen emporwachsen. Die perfekt geschulten und immer zuvorkommenden Mitarbeiter, die nicht nur in Uniform und mit Lächeln bereitstehen, sondern tatsächlich Kenntnis vom Inhalt des Ladens haben. Und das angrenzende Café Bertrand im siebten und hintersten Saal der Buchhandlung. Ein stilvoll, aber schlicht eingerichtetes Café und gleichzeitig Veranstaltungsraum, wo auch Lesungen und Diskussionsabende stattfinden, sich Lissabons Schriftsteller treffen und wo Besucher auch ihm begegnen: Fernando Pessoa. Zumindest seinem Konterfei, das eine Wand ziert wie ein Heiligenbild. Wenig überraschend zählt sein »Buch der Unruhe« als Dauer-Bestseller in der *livraria* Bertrand. Auf

Platz zwei: José Saramagos Roman »Die Stadt der Blinden«, der von einer heimtückischen Krankheit handelt, die eine ganze Stadt lahmlegt, weil der Großteil der Bewohner aus dem Nichts erblindet.

Zwar eine dystopische Katastrophe, aber eine, die Bertrand wohl in den Ruin treiben würde, nachdem die Buchhandlung jede andere Krise in den vergangenen 288 Jahren überstand, deren Zeuge die Inhaber und ihr Laden wurden: Erdbeben, Bürgerkrieg, Weltkriege, Könige, Präsidenten, Diktatur, Staatsstreiche, Großbrand, Währungsumstellung, Schuldenkrise. Alles ging vorbei, nur die Buchhandlung blieb. Wie man selbst Katastrophen vermarkten kann, beweist Bertrand mit einem Slogan, der mitten im Geschäft wirbt: »Wir haben die Bücher, die Ihnen alles darüber erzählen.«

In der Schlange

Kennen Sie das? Sie stehen Schlange an einem Schalter, sagen wir der Einfachheit halber, an Lissabons einzigem Schalter, für die wiederaufladbare Chipkarte der öffentlichen Verkehrsmittel. Jawohl, dem einzigen! Jeder *lisboeta* flucht innerlich, wenn er weiß, dass ihm dieser Weg bevorsteht. Ich bin zwar keiner, fluche dennoch, auch äußerlich.

Erstmals, als ich die Schlange im Untergrund einer Metrostation sehe. Endlos lang wie bei einem Konzert oder einem Heimspiel von Benfica. Meiner Schätzung nach wird es eine Stunde dauern, bis ich drankomme, vielleicht länger. Eine Stunde Lebenszeit, wo ein Mausklick das Leben erleichtern könnte. Nicht in Lissabon. Egal, wie fortschrittlich die Stadt ist, in manchen Belangen dauert es noch Lichtjahre, bis die Moderne auch hier ankommen wird. Eine Geburtsurkunde kann sich jeder online ausstellen lassen, Wartezeiten in Krankenhäusern können über das Internet direkt abgefragt werden, der Beitrag zu den *operadores de transportes* hingegen wiegt bedeutungsschwerer. Hier muss jeder persönlich seinen Antrag abgeben, samt Passfoto und Ausweiskontrolle – und die angeforderte Chipkarte Tage später auch wieder abholen. Ein befreundeter *lisboeta* brachte diesen Vorgang einmal relativ nüchtern auf den Punkt: »Viel bürokratischer Aufwand für geringen Ertrag.« Er fluchte und duldete.

Zurück zur Schlange. Vor und hinter mir blicke ich in abgekämpfte Gesichter. Wie ich wohl gerade dreinschaue? Bei der Halbzeit bekomme ich den ersten Anflug eines Nervenzusammenbruchs. Die stickige Hitze lässt mich vom Meer träumen. Ich überlege, auf die Chipkarte zu pfeifen, doch der Gedanke daran, ständig Einzeltickets kaufen zu müssen und mich mit den Automaten herumzuschlagen, schreckt mich noch viel mehr ab. Da muss ich jetzt durch.

Gerade als ich zwischen Akzeptanz und Kapitulation schwanke – ich befinde mich bereits im letzten Drittel der immer länger werdenden Menschenkolonne –, tanzt ein Dahergelaufener aus der Reihe. Jemand kommt von irgendwoher, nur nicht aus der Schlange. Jemand, der sich nicht seit Ewigkeiten die Beine in den Bauch steht und seine Geduld unter Beweis stellt. Jemand, der elegant an mir und all den anderen Wartenden vorbeihuscht und an vorderster Front keck sagt: »Ich habe nur eine Frage. Darf ich kurz vor?«

Jetzt passiert's, denke ich. Das friedliche Miteinander wird ein dramatisches Ende nehmen, die Wartenden werden jegliche Fassung verlieren, zumindest einer wird durchdrehen. Ich plustere mich bereits innerlich auf, warte darauf, dass irgendwer den ersten Stein wirft. Aber ich blicke in gelassene Gesichter, die sich mit jedem Schritt nach vorne erhellen und darauf freuen, bald dranzukommen, die mit ihren Handys beschäftigt sind oder miteinander scherzen, sich über Fußball unterhalten und über den viel zu kühlen Sommer beklagen. »Ja, bitte«, sagen die Schlange Stehenden. Und tatsächlich: Der Dreiste geht zum Schalter, stellt seine Frage und verschwindet dankend wieder – ohne sich Feinde gemacht zu haben. Ich beobachte, schlucke und reihe mich, ein wenig beschämt, wieder ein. Diese Engelsgeduld der *lisboetas*. Diese Gelassenheit. Diese Höflichkeit. Bewundernswert.

Stadt der Keramik

Sie ist quadratisch, meist vierzehn mal vierzehn Zentimeter groß, acht Millimeter stark. Oft erscheint sie blau-weiß bemalt, seltener auch in bunten Farben. Sie zieren Muster aus Blumen, geometrische Formen oder Ornamente, und manchmal ergeben viele von ihnen zusammengesetzt ein großes Gesamtbild, das religiöse, mythologische, historische Figuren oder Ereignisse zeigt.

Wer durch Lissabon spaziert, wird den Wandfliesen, den *azulejos*, nicht entkommen. Zum einen reflektieren sie Licht, erleuchten dadurch gegenüberliegende Gebäude und von der Sonne vernachlässigte Gassen. Indem sie Fassaden und Mauern schmücken, bereichern sie zum anderen die Stadtarchitektur, geben den Gebäuden jenen Glanz, den die Bauten selbst oft nicht haben. Überall sind sie zu sehen: an Häusern, an *miradouros*, auf öffentlichen Plätzen, in Parks, als Innendekor in Kirchen und Palästen, in Cafés und Restaurants, in Metrostationen und Privatwohnungen. Und ganz besonders viele davon im Museu Nacional do Azulejo. Der ehemalige Konvent, dessen Kirche Teil der Ausstellung ist, war Anfang des 16. Jahrhunderts das spirituelle Zentrum im Osten der Stadt – im Westen war es das Hieronymitenkloster von Belém. Später wurde aus dem Konvent eine Schule, und seit zweihundert Jahren ist es jener Ort, an dem Fliesen gehortet, gereinigt und restauriert werden. In den Schauräumen bekommen Besucher einen Bruchteil der Sammlung zu sehen, in den Katakomben des Museums lagert der eigentliche Schatz der Identität Portugals: sechs Jahrhunderte Fliesengeschichte.

Der Ort der Zufriedenheit ist geräumig und beinahe menschenleer. Besucher dürfen hier normalerweise nicht hinein. Dafür stapeln sich Kartons, Holzkisten und Türme aus Fliesen. Als Einzelstücke, in Scherben, als löchrige Gesamtbilder. Wie viele es sind, kann niemand mit Gewissheit sagen, nur dass es täglich mehr werden. »Zehntausende, vielleicht Hunderttausende«, schätzt Teresa Ribeiro, deren heitere Freundlichkeit einen besticht, sobald man sie inmitten des Chaos entdeckt. Zwischen der Fülle aus Kacheln verschanzt sie sich im Lichtkegel einer Schreibtischlampe. »Es ist die größte Fliesensammlung der Welt«, ergänzt Ribeiro. »Manche davon sind wahre Schätze.«

Wertvoll sieht das Exemplar, das die 43-Jährige in ihren Händen hält, nicht gerade aus. In drei Stunden allerdings wird sich der Schatz zu erkennen geben, der sich unter einer dicken Kruste aus Sand, Steinchen und Baumharz befindet – daraus besteht jener Mörtel, der vor Jahrhunderten die Fliesen an die Wände klebte. Hat Ribeiro mit Skalpell und Spachtel die Schicht einmal abgetragen, wird sich eine Kachel aus doppelt gebranntem Ton zeigen, etwa 250 Jahre alt. Sie wird mehrere Generationen lang ein Haus dekoriert haben, eine Kirche oder einen Palast. Auf der einen Seite ein paar blaue Striche auf weißem Untergrund, auf der unbehandelten Seite ein Code: C8. Aufgeschrieben vom Maler persönlich, um dem Puzzlestein den richtigen Platz im Gesamtbild zu geben. »Ohne diese Identifikationsnummer sucht man bei Fliesengemälden, die aus Hunderten *azulejos* bestehen, die Nadel im Heuhaufen«, sagt die Expertin.

Teresa Ribeiro ist eine mutige Frau. Während der Finanzkrise verlor die gebürtige *lisboeta* nach fünfzehn Arbeitsjahren ihre Stelle als Buchhalterin und stellte sich die alles entscheidende Frage: »Was mache ich nun mit meinem Leben?« Wieder als Buchhalterin anheuern? Irgendeinen Büroposten annehmen? Eine neue Beschäftigung suchen, die sie eigentlich nicht machen will? Ribeiro sah den Verlust ihrer Stelle als Chance und entschied: »Ich gehe studieren.« Medizin? Wirtschaft? Rechtswissenschaften? »Kunstgeschichte!«, prustet sie unter lautem Lachen heraus.

»Ob das die richtige Wahl war?«, fragt sie, richtet sich verlegen die goldblonden Strähnen. »Nun sitze ich hier auf einem Klappstuhl, schabe, klopfe und kratze Mörtel von Fliesen.« Seit sechs Wochen bereits, und es werden noch ein paar mehr. Ribeiro macht gerade ein unbezahltes Praktikum, sie braucht es nicht für ihren Studienabschluss, sondern macht es freiwillig. Sie will mit der Materie vertraut werden – im wahrsten Sinn, denn nachher soll sie Bildungsprogramme entwickeln für Schüler und Senioren, um sie durch die heiligen Hallen des Museums zu führen und in Diskussionen zu verwickeln. Die Besucher sollen nicht nur Objekte aus Ton ansehen, sondern die historischen Epochen durchleben und dabei Kontextwissen erfahren. »Ich liebe *azulejos*, aber noch lieber arbeite ich mit Menschen«, sagt sie. »Ich sehe mich als Verbindungsglied zwischen der toten Kunst und den lebenden Subjekten.«

Das erste Mal besuchte Ribeiro das Museum vor über zwanzig Jahren und verliebte sich sofort unsterblich in diese Kunst. »Da spürte ich, dass ich irgendwann hier landen würde, so stark war die Verbindung.« Vor einigen Jahren, sie war bereits arbeitslos, besuchte sie erneut das Museum, stellte sich vor das Schmuckstück der Ausstellung: ein vierzehn Meter langes Panoramabild aus dem frühen 18. Jahrhundert, das – auf 1300 Fliesen gemalt – Lissabon vor dem großen Beben 1755 zeigt. Ribeiro fragte sich, welche Geschichte sich hier wohl verbarg, denn der Künstler hinter diesem Werk und sein Ursprung sind bis heute unbekannt. Sie tagträumte, hier zu arbeiten, um alles über die Fliesen zu erfahren. »Alles fügte sich für mich«, sagt sie mit bewegter Stimme.

Neben dem Studium und der Hausarbeit verbringt die Mutter einer zwölfjährigen Tochter mehrere Tage pro Woche im Museum. An guten Tagen schafft sie zwölf Kacheln, an schlechten drei, weil der alte Mörtel so hartnäckig ist. Aber Ribeiro klagt nicht. »Eine nach der anderen. Das ist ehrliche Arbeit.« Vierzig Freiwillige helfen bei der Reinigung: Studenten, Kunstinteressierte, Pensionisten. Im zweiten Teil des Restaurierungsprozesses beginnt das eigentliche Puzzlespiel: herauszufinden, welche *azulejos* zueinandergehören und, im besten Fall, mehrere quadratmetergroße Fliesengemälde ergeben, die dann Platz im Museum finden. Zur Komplettierung von Wandbildern werden zur Not auch fehlende Fliesen nachproduziert – ein Stockwerk höher im museumseigenen Atelier.

Sinn und Zweck dieser Sisyphusarbeit liegen nicht nur in der Zurschaustellung der Kunst, sondern darin, Portugals Kulturerbe zu erhalten. Denn die Fliesen schwinden – auch weil sie sich immer größerer Beliebtheit erfreuen, nachdem sie lange Zeit als Kitsch galten. Nicht nur bei Sammlern und Privatpersonen, die ihre Wohnungen dekorieren möchten. Vor allem bei Dieben, die historische Kacheln von Wänden lösen. Oft sind es Junkies, die auf der Suche nach der nächsten Drohnung schnelles Geld brauchen, ein paar Fliesen oder eine ganze Reihe entwenden und dann auf dem Flohmarkt verhökern. Hinzu kommen organisierte Banden, die durch Portugal ziehen und die Fliesenwände ganzer Kirchen oder Paläste professionell abklopfen. Die Nachfrage am Schwarzmarkt ist groß, den Wert bestimmen die Sammler selbst, treiben ihn auf Auktionen ins Unermessliche.

Expertinnen wie Leonor Sá, Leiterin der Organisation SOS Azulejo, die sich für den Schutz der Fliesenkunst einsetzt, schätzen, dass in den vergangenen dreißig Jahren ein Viertel aller Fliesen Lissabons abhandengekommen sind: gestohlen, kaputt, verwittert – auch durch den Abriss von Gebäuden. SOS Azulejo möchte verhindern, dass in weiteren dreißig Jahren die Hälfte fehlt. In Zusammenarbeit mit der Polizei versuchen die Linguistin und ihr Team an Kulturwissenschaftlerinnen, das Treiben der Kunstdiebe zu unterbinden. Sie erstellen Bestandsaufnahmen, vergeben symbolische Preise für besonders engagierte Hüter von Palästen und Kirchen, zeigen gestohlene Einzelstücke oder ganze *azulejo*-Wände auf ihrer Internetseite, um Käufer zu warnen. Um achtzig Prozent seien die gemeldeten Diebstähle zurückgegangen, seitdem die Organisation 2008 ins Leben gerufen wurde. Eine eigene Polizeieinheit, die geschult ist, ein Original von einer Replik zu unterscheiden, sorgt unterdessen dafür, dass nur legal kopiert und verkauft wird, dass keine denkmalgeschützten Fliesen von Wänden gekratzt werden.

»Kunst ist nicht für jeden«, sagt Ribeiro, der es wehtut, wenn sie vor einer Hauswand steht, an der *azulejos* rausgeschlagen wurden. »Man muss etwas fühlen, wenn man Kunst betrachtet. Passiert das nicht, weiß man sie nicht zu schätzen.«

Seit dem 16. Jahrhundert gilt Lissabon als Brutstätte der Fliesenproduktion. Erst später folgten Coimbra und Porto. Mittlerweile werden *azulejos* landesweit hergestellt, mancherorts mit der gleichen Methode wie vor Hunderten von Jahren, als die ersten Fliesen ihren Weg aus Südspanien nach Portugal fanden, um hier als Kunst perfektioniert zu werden. Ein Erbe der Mauren, die der berühmten Fliese auch ihren Namen gaben: Das Wort *azulejo* wird als »glänzende Oberfläche« übersetzt.

Damals waren es vorwiegend bunte Reliefliesen, die das Trennen der Farben aufgrund der Unebenheiten erleichterten. Heute ist die Produktion dieser Art von *azulejos* seltener, stattdessen sind glatte Fliesen gängiger geworden. Und, wie man im Fliesenmuseum sehen kann, wurde bei der Bemalung damals schon schlampig gearbeitet – eine Vorgehensweise, die sich bis heute durchgesetzt hat. Denn eine der Hauptcharakteristiken der portugiesischen *azulejos* ist, dass sie nicht durch Perfektion auffallen. Das Bemalen ist ein heikler Prozess, bei dem oft Fehler passieren, aber die sind in Portugal erwünscht. Im Gegensatz zu Holland, das die portugiesische Kunst ab dem 17. Jahrhundert mit seiner blau-weißen Phase beeinflusste. Dort, wo die Fliesen durch ihre Präzision bestechen, landen jene, die außerhalb der Linien bemalt wurden, im Mülleimer. »Das ist etwas Kulturelles«, sagt Ribeiro und lächelt. »In Portugal war die Dekoration vorrangig und der Effekt, den die Wandbilder erzielten. Hier interessieren keine Details, darum stört sich auch niemand daran, wenn etwas unregelmäßig ist.« Auf portugiesischen *azulejos* sieht man Farbtupfer oder Fingerabdrücke, weil sich die Arbeiter nicht die Hände gewaschen hatten, auf manchen schimmert eine alte Zeichnung durch oder wurde eine Farbe verwechselt, fehlt es an Symmetrie.

»Das zeichnet unseren Charme aus«, ergänzt Ribeiro. »Wir sind keine Perfektionisten.« Sie stülpt sich ein neues Paar Gummihandschuhe über, schnappt sich eine Fliese und reibt den steinalten Mörtel mit einer Lösung aus Alkohol und Wasser ein, bevor sie ihn mit Sandpapier schleift. Mit einer Spachtel klopft sie das Grobe ab, muss dabei viel Kraft aufwenden, bis es bröckelt. »Zu Beginn habe ich sie wie Babys behandelt, mittlerweile weiß ich, wie resistent die Fliesen sind.«

Irgendwann wird ein beeindruckendes Fliesengemälde im Museu Nacional do Azulejo hängen und Ribeiro ihren Enkelkindern erzählen, dass sie einst mit viel Muße und Mühsal die Puzzlesteine B13 bis E19 gereinigt hat, um das Kunstwerk zu konservieren. Ob sie dann stolz auf sie sein werden?

»Ich bin es jedenfalls«, sagt die angehende Kunsthistorikerin, »denn ich mag es, um Dinge zu kämpfen. Vor allem wenn es für eine gute Sache ist.« Ribeiro untertreibt. In ihren Händen liegt Portugals Kulturerbe – und sie hütet es wie ihre eigene Tochter, behutsam und liebevoll. Lissabons *azulejos* sind in guten Händen.

Feira da ladra

Drinnen ruhen die Toten, draußen tobt das Leben. Im Schatten des Pantheon, Lissabons barocker Grabkammer, breiten dienstags und samstags Händler ihre Waren aus. Auf Tischen, auf am Boden liegenden Tüchern oder gar auf dem Kopfstein warten die Schätze der *feira da ladra*, des größten Flohmarktes der Stadt, darauf, entdeckt zu werden.

Ob der Name des Marktes hoch oben im Stadtviertel Graça vom Wort *ladra*, Diebin, oder von *ladro*, einem flohartigen Insekt, das sich in Antiquitäten verschanzt, abstammt, darauf können sich die *lisboetas* nicht einigen. Früher, so erzählen es die älteren Händler, suchten Touristen hier nach ihren gestohlenen Geldbörsen, Kameras und Handtaschen. Dass sich diese Räubergeschichten bis heute durchsetzen, überrascht wohl niemanden. Der Name blieb jedenfalls erhalten.

Also Diebesmarkt oder Flohmarkt? In jedem Fall: Trödelmarkt. Bierdeckel, Handyzubehör, Comichefte, Kochtöpfe, Raubkopien von Musik und Filmen, Brettspiele, Secondhandklamotten, Schallplatten, Straßenschilder, Werkzeuge oder Türklinken – hier findet jeder, was er oder sie, mehr oder weniger, gebrauchen kann.

Über den Wert der Waren hingegen diskutieren Händler und Käufer – und manchmal auch die Polizei. Original oder Replika? »Antiquität«, antworten die Verkäuferstimmen ohne jegliche Nervosität. Zum Beispiel, wenn es um den wunderschönen, in dunkelbraunem Leder gebundenen Wälzer geht, auf dem in goldenen Lettern eingestanzt steht: *OS LUSÍADAS*. Die Lusiaden, Hauptwerk von Luís de Camões aus dem Jahr 1572. *»Antiguidade«*, versichert ein bärtiges Schlitzohr, schwer beschäftigt damit, es seinem Hintern in einem Lehnstuhl gemütlich zu machen. Ein Blick auf den Druckvermerk am Buchbeginn verrät: »Printed in the EU« – und die gibt es bekanntlich noch nicht ganz so lange. Dafür sind die 169 Euro doch etwas üppig.

Fernando Pessoa schreibt in »Mein Lissabon«, dass der Flohmarkt manchmal Nützliches, manchmal Zweifelhaftes, etwas Neues, etwas Altes böte. Und weiter: »Manchmal taucht hier wirklich etwas merkwürdig Kostbares, sei es Kunsthandwerk oder ein archäologisches Altertümchen, auf.«

Zwischen afrikanischen Masken, portugiesischen Hähnen aus Keramik und tibetischen Klangschalen eine Kiste mit *azulejos* zum Beispiel. Auch die Polizei hat den Markt im Auge, denn immer wieder finden sie hier geklaute Exemplare. Händler und Beamte, die hier in Zweierteams ihre Runden drehen, kennen einander bereits, da die Verkäufer ihre Ware erst von der Polizei absegnen lassen müssen. »Wir werden erst aktiv, wenn es Beschwerden gibt«, versichert einer der Polizisten. Gestohlen oder legal erworben? Im Zweifelsfall hat das Stück ein Freund aus dem Museu Nacional do Azulejo »besorgt«. Jede Menge Interpretationsspielraum also. Ob er für zehn Euro eine Fliese – egal, ob gestohlen oder gefunden – erstehen möchte, entscheidet einzig die Moral des Reisenden selbst.

Auffallend an der *feira da ladra*: Niemand schreit, niemand fuchtelt mit den Armen oder bietet sonst wie seine Waren feil. Auch keine fliegenden Händler, Bettler und Taschendiebe – jedenfalls keine flinken. In Ruhe warten die Verkäufer auf Kundschaft, die gemächlich ihre Runden dreht. Laut wird es nur, wenn Schnäppchenjäger und Händler aneinandergeraten, denn an der *feira da ladra* gilt eigentlich nur ein Gesetz: Feilschen verboten!

Estoril

Mai 1941. In Europa tobt der Zweite Weltkrieg. Ein britischer Verbindungsoffizier namens Ian Fleming verweilt im Hotel Palácio in Lissabons schickem Vorort Estoril. Seine Mission: im kriegsneutralen Portugal Spione der »Abwehr«, des deutschen Geheimdienstes, zu beobachten, die ihrerseits dort nach Dissidenten suchen. In der Hotelbar und im Casino nebenan treffen die Agenten in einem wahren Katz-und-Maus-Spiel aufeinander: beschatten, ausforschen, interagieren, während eine dritte Gruppe gar als Doppelagenten auftritt und für beide Kriegsparteien spioniert. Nach dem Krieg wird Fleming einen Roman mit dem Titel »Casino Royale« schreiben, der Weltruhm erlangt und dem weitere elf folgen. Die Hauptfigur in seinem Buch ist ebenfalls Spion und – neben Indiana Jones und Batman – vielleicht der bekannteste fiktionale Charakter aller Zeiten. Sein Name: Bond. James Bond.

Später behaupten Freunde und Lebensbegleiter Flemings, James Bond sei eine Projektion seiner selbst gewesen: ein Playboy, ein Abenteurer, ein Bonvivant, der die Frauen genauso liebte wie die Gefahr. Andere meinen, der jugoslawische Dreifach-Agent Duško Popov, der sich zur gleichen

Zeit im Hotel Palácio aufhielt, hätte Fleming als Inspiration für den Literatur- und Filmhelden gedient.

Mai 1969. Dort, wo alles begann, finden die Dreharbeiten zu »Im Geheimdienst Ihrer Majestät« statt, dem sechsten Film, basierend auf Flemings James-Bond-Reihe – und damit den eigenen Erlebnissen des Autors. Bond, ausnahmsweise nicht gespielt von Sean Connery, sondern vom Australier George Lazenby, parkt seinen anthrazitgrauen Aston Martin DBS vor dem Eingang des Hotel Palácio in Estoril. Zweimal hupt er, bis ein *trintánario* angelaufen kommt und Bond die Wagentür öffnet. Mit seinen weißen Handschuhen und der Schirmmütze sieht der Portier aus wie ein Admiral: dunkelblaue Uniform, rotes Revers und goldene Knopfleisten. Über seiner linken Schulter hängt eine ebenfalls goldene Achselschnur. »Ihr Gepäck, Sir?«, fragt er, von Berufs wegen zur Höflichkeit verpflichtet. »Im Kofferraum«, antwortet Bond, »kümmern Sie sich um die Golfschläger.« »Natürlich, Sir.« Mehrmals muss die Szene gedreht werden, bis sie sitzt.

Mai 2019. Mit schneeweißem Haar fährt George Lazenby erneut in einem Aston Martin am Hotel Palácio vor. Wieder öffnet dem Ex-Bond-Darsteller ein *trintánario* die Tür – es ist derselbe wie vor fünfzig Jahren bei den Dreharbeiten. Sogar seine Uniform ist noch dieselbe wie damals, mittlerweile von der Sonne etwas ausgeblichen. Sein Name: Afonso. José Afonso.

Mittlerweile ist der Mann 85 Jahre alt, aber genauso souverän wie bei seinem Filmauftritt. Es handelt sich um keinen Marketinggag anlässlich der James-Bond Jubiläumsfeier im Hotel. Afonso arbeitet immer noch hier, obwohl er bereits vor über einer Dekade seine Pensionierung eingereicht hat. Der Hoteldirektor genehmigte zwar Afonsos Wunsch, bat ihn aber, es sich noch einmal zu überlegen. Seitdem verlängert er, Jahr um Jahr, seinen Posten im Luxushotel. »Aber langsam fangen meine Knie an zu schmerzen«, sagt Afonso, dessen Schritte nun deutlich langsamer sind als im Film. Verständlich nach 68 Dienstjahren, in denen er vorwiegend vor der Tür stand und diese den Hotelgästen öffnete. Unter ihnen fand sich – über James Bond hinaus – alles, was Rang und Namen hatte: von Grace Kelly bis zum spanischen König Juan Carlos I.

Nicht ein Mal kam Afonso zu spät in all diesen Jahren, nicht ein Mal meldete er sich krank. Immer blieb er gegenüber seinem Arbeitgeber loyal. Auch nach der Nelkenrevolution 1974, als einige Mitarbeiter das Hotel gewaltsam in Beschlag nehmen wollten, weigerte er sich mitzumachen. Das Geheimnis seines stoischen Gleichmuts? Bloß nicht anecken. »Warum hätte ich jemals meinen Arbeitsplatz wechseln sollen?«, meint Afonso. »Dies ist eines der besten Hotels der Welt.« Tatsächlich ist das 1930 erbaute Palácio ein historisch bedeutendes Hotel.

Während der Kriegswirren kamen hier viele Flüchtlinge unter, die versuchten, über Lissabon nach Amerika auszuwandern. Zumindest jene, die sich ein Zimmer im mondänen Badeort leisten konnten. Unter ihnen etwa der Autor des »Kleinen Prinzen«, Antoine de Saint-Exupéry, dessen Registrierungskarte von 1940 noch heute die »Royal Gallery« des Hotels schmückt – neben jener der Agenten Ian Fleming und Duško Popov. Dazwischen hängen Fotos, Rechnungen und Autogramme von Königen und anderen Staatsoberhäuptern sowie von Stars aus der Film- und Musikbranche, die an die glamourösesten Tage des Hotels erinnern.

Zu den von den Nazis Verfolgten gesellten sich deutsche und britische Spione, später auch amerikanische. Dazwischen königliche Familien aus Spanien, Italien, Bulgarien und Rumänien, die ebenfalls in dem Hotel Zuflucht suchten und opulente Feste im Exil feierten, als wäre der Krieg ein Hirngespinst, irgendwo weit hinter den Pyrenäen. Estoril, keine dreißig Minuten entfernt von Lissabon, war jener Tage besser bekannt unter dem Namen *Costa dos Reis*, die »Königsküste«. Das Attribut als Ort der Reichen und Schönen ist der Kleinstadt bis heute geblieben: Villen mit prächtigen Gärten, aus denen Bougainvilleas wuchern, Feinkostläden, Thermal- und Wellnessbäder. Zwischen Strandpromenade und Hotel Palácio liegt ein gepflegter Park, an dessen Ende das berühmte Casino in den Himmel ragt.

Zu Zeiten Flemings, Popovs und Co. versuchten viele verzweifelte Migranten, in ebendiesem Casino das Schicksal zu bestechen, und spielten darum, ihr Dasein zu verlängern – und sei es nur um einen weiteren Tag. Der deutsche Schriftsteller Erich Maria Remarque beschreibt in seinem 1962 erschienen Roman »Die Nacht von Lissabon« sehr anschaulich die Situation eines deutschen Emigranten und seiner Strandung in Lissabon. Damals galt Estorils Casino als einzige Möglichkeit, legal an Geld zu kommen, mit dem das ersehnte Ticket nach Amerika gelöst werden konnte. Ansonsten blieben nur Prostitution und illegale Arbeit als Einnahmequellen. Oder: an Wunder zu glauben.

Portier Afonso ist keiner, der an Wunder glaubt, dennoch hatte er viel Glück im Leben, meint er. Sein größtes: das Hotel, eine entscheidende Lebensveränderung, als er hier mit siebzehn Jahren anfing zu arbeiten, zunächst als Küchenhilfe, dann als Gepäckträger, schließlich als Türsteher. »Mein Leben fing hart an, aber hier fand ich mein Paradies.« Drei Jahre zuvor schickte ihn sein Vater vom Hof in Caldelas, im Norden Portugals, nach Lissabon, um bei einem befreundeten Lebensmittelhändler zu arbeiten, da das Essen nicht mehr für die gesamte Familie reichte. Eine Schule sah Afonso erstmals mit zwanzig Jahren von innen, Englisch schnappte er zwischendurch im Hotel auf.

Die Hände im Schoß oder auf dem Rücken gefaltet, wartet er, mittlerweile nur noch halbtags, bis ein Auto vorfährt oder Gäste ein und aus gehen. Kerzengerade steht er da, frisch rasiert und stolz auf seine Arbeit. Immer mit wachen Augen. Afonso ist ein ruhiger Mann, gelassen und ausgeglichen. Viel Grund zur Unruhe gab es in seiner Dienstzeit nicht. Einmal, erinnert er sich, es war 1968, machte Schauspielerin Zsa Zsa Gabor Zicken. »Sie wollte abreisen, ohne zu bezahlen«, empört sich Afonso kurz, lächelt ebenso schnell gütig. »Also haben wir ihr Gepäck nicht angefasst.« Es folgten tumultartige Szenen, erzählt Afonso, bis sie sich schließlich mit dem Hotelmanager einigte. »Später stellten wir fest, dass ein paar Handtücher aus ihrer Suite fehlten.« Diese Anekdote ist mittlerweile in ganz Estoril bekannt. Afonso würde von sich aus nie solche Details preisgeben, über all die Namen und dazugehörigen Eskapaden, die er miterlebte, schweigt er wie ein Grab. »Als *trintánario* habe ich viel gesehen und noch mehr gehört«, meint er, »aber immer meinen Mund gehalten. Ich wollte nie Probleme und hatte in meinem ganzen Leben nicht einen Streit.« Diskretion und Demut – davon könnte sich wohl James Bond eine Scheibe abschneiden. Und wie war das Wiedersehen mit Bond-Darsteller George Lazenby nach fünfzig Jahren? »Ich denke, ich konnte mich besser an ihn erinnern als er sich an mich, aber das nehme ich ihm nicht übel.« Wie lange Afonso noch *trintánario* sein wird, weiß er selber nicht. »Definitiv nicht, bis der nächste James Bond hier gedreht wird.«

Quiosque

Wahrlich Geheimnisvolles schreibt der portugiesische Literat und Anwalt António Alçada Baptista in der 1993 erschienenen Anthologie »O Mistério de Lisboa« über Lissabons Kioske. Sein Lieblingsstand Oliveira am Praça do Príncipe Real, dessen Marmortheke mittlerweile mehr Risse, Sprünge und Kratzer überziehen als intakte Fläche, verkaufe »ein bisschen was von allem«.

Ich bin die Stadt abgelaufen, um dem Typ Universalkiosk auf die Spur zu kommen, habe Dutzende solcher Buden aufgesucht – auch den genannten Lieblingsstand von Senhor Baptista –, mit Betreibern und Inhabern gesprochen und allwissende *lisboeta*-Urgesteine befragt. Mit dem Ergebnis: Den einen Kiosk, der Kaffee und Schnaps, Snacks, Zeitungen, Tabakwaren, Lotterielose, Papiertaschentücher und Schnürsenkel verkauft, scheint es nur in der Geschichte zu geben – und die geht zurück bis ins Jahr 1869, als Lissabons erster Kiosk eröffnete. Natürlich mitten auf dem wichtigsten Platz der Stadt, dem Rossio.

Bald wurden die aus Frankreich kommenden Eisenpavillons mit maurischen Giebelverzierungen so beliebt, dass sie sich in ganz Lissabon verbreiteten, an Plätzen, in Parks, entlang der Promenaden. Überall sprossen sie aus der Erde, in allen Farben und unterschiedlichen geometrischen Formen – wobei die oktogonalen, also achteckigen *quiosques* die meiste Präsenz zeigten. Rund hundert Jahre hielten sie Wind und Wetter stand, bevor sie herrenlos wurden und in Vergessenheit gerieten.

Seit der Jahrtausendwende gibt es wieder reges Interesse an den Gartenlauben, vor allem den achteckigen Häuschen, vielerorts erleben sie eine Renaissance. Neben den über siebzig Originalkiosken lässt die Stadt mittlerweile sogar Kopien bauen, die ein Flair des späten 19. Jahrhunderts versprühen sollen, zuletzt etwa direkt vor der Zugstation Cais do Sodré. Einige Schritte daneben, am Largo de São Paulo, steht Lissabons derzeit ältester *quiosque*, ein historisches Original noch von der Jahrhundertwende. Das zinnoberrote Schmuckstück, im Stil des Art nouveau gebaut, gehört nun einem Konglomerat portugiesischer Geschäftsmänner. Die drei Herren haben seit 2009 acht Kioske aufgekauft, den Rost abgekratzt und zu *quiosques refrescos* renoviert, um mit einladenden Terrassen an Lissabons Prachtplätzen die historische Seele dieser sozialen Treffpunkte zu revitalisieren. Die Hülle ist dieselbe wie damals, ihr Inhalt ein anderer.

Eine zeitgenössische Wiedergeburt: teilweise mit Liegestühlen, sechs Euro teurem Lokalbier, Livekonzerten oder DJs, die Bossa-Nova-Elektro-Mixes auflegen, zu denen *lisboetas*, Brasilianer, Afrikaner und Besucher aus aller Welt tanzen. Auch so kann man in der Metropole Sonnenuntergänge genießen.

Lissabons *quiosques* unterteilen sich in städtisch und privat betriebene, in historische Originale und einfallslose Nachbauten – und dann noch einmal in solche, die auf Zeitungen und Zigaretten spezialisiert sind, und andere, die vornehmlich Speisen und Getränke anbieten. Ein paar exotische Varianten gibt es mittlerweile auch zu bestaunen: Stände, die ausschließlich Blumen verkaufen, Lotterielose, Sushi oder Burger.

Geblieben sind den vieleckigen Bauten ihre architektonischen Besonderheiten: oftmals ein Sockel aus Mauerwerk, Schiebefenster samt Metallrollladen, Pyramidenkuppel, Vordach, Segeltuchmarkise, die vor Sonne und Regen schützt.

Und ihre Klientel ist – abhängig von der Sorte des Kiosks – ebenfalls dieselbe. Vor den Zeitungsbuden finden sich vermehrt Pensionisten und Arbeitslose, die gedruckte Nachrichten oder Klatschhefte lesen, ohne sie zu kaufen, die rauchen und sich über Fußball unterhalten, Lotto spielen, über Fado sinnieren oder ihrer *saudade* freien Lauf lassen. Während diese eher das Morgenpublikum anziehen und zeitig schließen, sind es die Gastrostände, die auch nach Sonnenuntergang gut besucht werden. Auf den großzügigen Außenterrassen dieser *quiosques* nehmen heute allerdings vorwiegend Besucher aus dem Ausland Platz, essen *sandes*, Sandwiches, oder *pastéis de nata*, genießen dazu *galão*, Milchkaffee, oder *limão*, brühend heißes Wasser mit einer Zitronenschale darin, trinken Beirão, Portugals bekanntesten Kräuterlikör, oder andere alkoholische Getränke.

Vorbei sind die Zeiten also nicht, da sich Dandys und Obdachlose, Arbeiter und Intellektuelle, Touristen und *lisboetas*, Jung und Alt an diesen Orten, vielleicht Lissabons wichtigsten Sozialtreffpunkten, über den Weg laufen. Das war schon in Baptistas Text so und wird wohl so bleiben.

Der Zauberfisch

Ein Gedankenexperiment: Stellen Sie sich vor, Sie müssten für den Rest Ihres Lebens ausschließlich ein Gericht essen. In unterschiedlichen Variationen zwar, aber dennoch immer mit derselben Grundzutat. Jeden Tag. Sie dürften es sich sogar aussuchen. Was würden Sie wählen? Pizza, Pasta, Sushi? Erdbeeren, Schokolade, Kokosnussjoghurt? Stünden die *lisboetas* vor der Wahl, die Antwort läge auf der Hand: *bacalhau*.

Für alle Unwissenden, zu denen auch ich vor meinem ersten Lissabonaufenthalt gehörte: *Bacalhau* bezeichnet salzgetrockneten Kabeljau, besser bekannt als Stockfisch. Die Konservierung macht aus dem Fang einen Fisch ohne Verfallsdatum, wobei Gelatine, Fett, Konsistenz und Geschmack ebenfalls erhalten bleiben. Fast alle Portugiesen sind verrückt danach, ausländische Besucher hingegen haben oft mit dem intensiven Eigengeschmack und – im trockenen Zustand – dem strengen Geruch zu kämpfen. In jedem Supermarkt und jeder *pescaria* in Lissabon entfaltet sich diese typische Duftwolke, eine Mischung aus Meersalz und abgestandenem Fischgeruch, die von den gestapelten *bacalhau*-Platten ausgeht. Sicher ließen sich damit böse Geister vertreiben und

Fliegenschwärme anlocken. Konsum jedenfalls assoziieren die Unwissenden mit diesem Gestank nicht – zu Unrecht.

Einst das Essen der Armen, gilt *bacalhau* mittlerweile als Delikatesse. Allein deshalb, weil der Kabeljau in die kältesten Gefilde des Atlantiks Richtung Skandinavien, Grönland und Kanada zieht – und ihm hinterher die Fischer, die ihn weiter jagen. Früher wurden portugiesische Männer vom Militärdienst befreit, wenn sie mindestens zweimal in ihrem Leben auf *bacalhau*-Fang gingen, so hart und gefährlich war die Jagd und ist es auch heute noch.

Während der Großteil der Fische, die in Lissabon auf den Tellern landen, aus Zuchtfarmen stammt, ist *bacalhau* nach wie vor ein Wildfang. Die Qualität aus dem Atlantik ist unschlagbar, der Stockfisch, im Gegensatz zu ähnlich großen Fischen, aber trotzdem erschwinglich.

Geschmack und Konsistenz sind durchaus eigen, es gibt keinen vergleichbaren Fisch. Speziell sind auch Einkauf und Vorbereitung: In Supermärkten und *pescarias* werden die *bacalhau*-Platten mittels Bandsäge in Filets geschnitten, die sich zu Hause oder im Restaurant nach einem mindestens vierundzwanzigstündigen Wasserbad von einem stocksteifen in einen aufgeweichten und entsalzten Fisch verwandeln – und erst danach zubereitet werden können. Und damit wären wir bei dem entscheidenden Kriterium, warum *bacalhau* so besonders ist: Der Fisch ist verzaubert.

365 verschiedene Zubereitungsarten soll es in Portugal für das gastronomische Heiligtum geben, eine für jeden Tag im Jahr. So die Binsenweisheit, die vermutlich auf die Fischer zurückgeht, die zwischen acht und neun Monaten auf See ausharrten, um *bacalhau* zu fangen. In einer Buchhandlung entdeckte ich mal ein Kochbuch mit dem Titel »1000 *Bacalhau*-Rezepte«, in dem – alphabetisch sortiert – auf 350 Seiten jede Kreation im Detail beschrieben wird. Und so manche Zunge behauptet gar, dass man 1001 Gerichte mit *bacalhau*

zubereiten könne. Was in der Theorie wie ein Märchen klingt, erweist sich in der Praxis als nichts als die Wahrheit. Irgendwann gingen den Portugiesen wohl die Standardrezepte mit dem Stockfisch auf die Nerven, und so begannen sie – aus Langeweile, Verzweiflung oder Neugier –, kreativ zu werden, um der Eintönigkeit ihres kulinarischen Lebens zu entkommen. Sie kochten *bacalhau* in Milch, buken ihn mit Mayonnaise, machten daraus Eiscreme. Das Besondere daran: In jedem Gericht schmeckt der Stockfisch anders. Wegen seiner kulinarischen Vielseitigkeit gilt *bacalhau* als Zauberfisch, als Mona Lisa der Gastronomie.

Lissabons bekanntestes Zauberfischgericht heißt *Bacalhau à Brás*, benannt nach dem Erfinder dieser Köstlichkeit, Senhor Braz, einem Kneipenbesitzer aus dem 19. Jahrhundert im Stadtviertel Bairro Alto. Dieser hatte – nüchtern oder sturzbetrunken, ist nicht bekannt – irgendwann die Eingebung, die Überbleibsel zerrupften Stockfisches, geschredderte Kartoffeln, gehackte Zwiebeln, Knoblauch, Petersilie und Eigelb zu vermengen. Einfache Zutaten, keine Magie, eines der ehrlichsten Gerichte der Stadt – und eines der köstlichsten obendrein.

Dass die beste Variante von *Bacalhau à Brás* ausgerechnet auf der anderen Seite des Flusses, in Barreiro, zu finden ist, gibt freilich Rätsel auf. Wer ist der Zauberer von Barreiro? Und warum kocht er dieses simple Rezept besser als sonst irgendwer in Lissabon? Die Jury bin in diesem Fall ich, nachdem ich mich durch mehrere Dutzend *tabernas*, *tascas* und *restaurantes* in und um Lissabon herum gekostet habe, auch sehr namhafte.

Luis Candido hebt seine Hände wie zum islamischen Gebet und grinst. »Das richtige Händchen ist entscheidend«, sagt der gebürtige *barreirense*, ein Mann von Prinzipien, autodidaktischer Koch und seit drei Jahren Inhaber des Restaurants A Tentadora, zu Deutsch »Die Verführung«. »Es ist das

Rezept meiner Mama«, ergänzt Candido, »und wenn ein Gast behauptet, dass ihn mein Gericht an seine Kindheit erinnert, bin ich zufrieden.«

Candido strahlt Gemütlichkeit aus: gütige Augen, schütteres Haar, ergrauter Bart, unechte Zähne und ein Bauch, so rund wie eine Melone, über den ein ausgewaschenes Polohemd spannt. »Ich esse nicht, um zu leben, ich esse, um zu essen«, lautet sein Credo. »Wer vertraut schon einem schlanken Koch?«, fragt der Gourmand, lacht und tätschelt seine Kugel, als wolle er zeigen, dass er nicht so zur Welt gekommen ist, sondern sich diese regelrecht erarbeitet hat. »Wenn ich mit Freunden zusammensitze und wir essen, sprechen wir währenddessen bereits darüber, was wir beim nächsten Treffen kochen werden.«

In Portugal geht es häufig ums Essen. Sogar in meinem Langenscheidt-Sprachführer handelt der allererste Beispielsatz davon: *João comeu tanto que ficou com dor de barriga.* Übersetzt: João hat so viel gegessen, dass er Bauchschmerzen bekommen hat.

Oder es geht ums Wetter. Wochenlang liest man in den portugiesischen Gazetten: nur 28 Grad Außentemperatur im Sommer, das Wasser viel zu kalt, sogar in der Algarve. »Dieses Land ist so wundervoll«, schwärmt Candido, »kein Terrorismus, keine Erdbeben, was für ein Glück. Wir haben einfach keine anderen Sorgen.« Er zwinkert und grinst in einem fort.

Candidos Liebe zum Stockfisch rührt nicht nur von den Kochkünsten seiner Mutter, von der er auch das Talent geerbt hat. Schon als kleiner Junge beobachtete er die *bacalhoeiros* der *frota branca*, der Weißen Flotte, beim Einlaufen in den Hafen Barreiros. Damals, als Salazar noch regierte, damals, als Candidos Vater noch ein Bekleidungsgeschäft führte, in dem der Junge aushalf, damals, als Barreiro das Industrieviertel Lissabons war, in dem neben Stahl, Chemikalien und Salz auch *bacalhau* verarbeitet wurde. Diese riesigen, weißen Frachter mit vier Masten, die nach Monaten auf See im hohen Norden ihre tonnenschweren Fänge in die beiden Fischfabriken brachten, wo man den Kabeljau in Stockfisch verwandelte. Ein Spektakel für Candido, damals wie heute, denn noch immer laufen die *bacalhoeiros* im Tejo ein, allerdings nur noch auf der Lissabonner Seite – und nicht mehr als Teil der *frota branca*, die in den 1970er-Jahren aufgelöst wurde.

Als wir mit Candidos rostigem Fiat die beiden Fabriken an Barreiros Küste abfahren, finden wir gähnende Leere in der Bucht vor. Auf einem der beiden Gelände lungern ein paar Männer vor dem Eingang des aufgelassenen Betriebs herum, rauchen Joints und spielen Karten. Überall riecht es nach Trockenfisch, auch wenn seit über zwanzig Jahren kein Schiff mehr an dem verwitterten Steg angelegt und seine Fracht entladen hat. Die Fenster sind von einem salzigen Sprüh verklebt, der verleitet, ihn wegwischen zu wollen. Ende der 1980er-Jahre mussten viele Werke in dem Industrieviertel Barreiro, keine zwanzig Minuten Bootsfahrt von Lissabons Zentrum entfernt, schließen. Einige Jahre später folgten auch die Stockfischanlagen. Insgesamt kehrten rund 50 000 Arbeiter Barreiro den Rücken und hinterließen ein stilles Städtchen, das sich seitdem von Gestank und Verschmutzung erholt. In seiner Erinnerung sieht der 61-jährige Candido noch immer die Logger reinschippern. »Sie waren ganz weiß, um sie während des Zweiten Weltkrieges von Kriegsschiffen unterscheiden zu können«, erzählt er. »Donnerstags verkauften die Fabriken Stockfisch auch an die Öffentlichkeit. Da war ich oft dabei.«

Mit fünfzehn Jahren brach Candido die Schule ab und stieg als Küchenhilfe bei einem Freund ein. Seitdem hat er sich der Gastronomie verschrieben. »Für mich ist das mehr Leidenschaft als Geschäft.« Vielleicht ist das sein Geheimnis – neben dem Händchen und der Tatsache, dass es im A Tentadora keine Fertigzutaten gibt. Alles wird frisch zubereitet, jede Kartoffel wird von Hand geschält, jede Zwiebel gepellt, Fisch und Meeresfrüchte sind nur nach Tagesfang verfügbar, alle Produkte sind lokale Erzeugnisse. »Die Qualität unserer Lebensmittel ist erstklassig. Da braucht es nicht viel Technik oder Zauberei. Unsere Küche ist einfach: Salz, Pfeffer, Olivenöl, Knoblauch, Zitrone, den Rest macht der Eigengeschmack des Fisches.« Im *bacalhau* sieht Candido kein großes Geheimnis. »Auch ich könnte *bacalhau* nicht jeden Tag essen«, sagt er, »aber zumindest einmal pro Woche muss sein.«

Als Außenstehender ist es beeindruckend, mitzuerleben, wie verrückt die Portugiesen nach dem Zauberfisch sind. Als huldigten sie einem Kult. *Bacalhau* ist so beliebt, dass es Restaurants in Lissabon gibt, die nichts anderes servieren. Wie ernst die Portugiesen den Stockfisch als Speise nehmen, zeigt sich auf vielen Menükarten. Dort findet sich neben Fleisch, Geflügel und Fisch eine eigene Kategorie mit *bacalhau*-Gerichten.

Selbst im Sprachgebrauch hat sich der Fisch festgebissen. *Ficar em aguas de bacalhau*, »in Stockfischgewässern bleiben«, bedeutet so viel wie »jemanden im Ungewissen lassen«. *Para quem é, bacalhau basta,* »Für das, was er ist, genügt bacalhau«: In der Not frisst der Teufel Fliegen. Selbst vor zwielichtigen Redewendungen macht der Stockfisch nicht halt: *Bacalhau quer alho*. »Der Stockfisch braucht Knoblauch«, wobei mit *bacalhau* das weibliche und mit *alho* das männliche Geschlechtsorgan gemeint ist. Den Rest kann man sich denken. Dass es sogar ein Rezept gibt, das übersetzt Stockfisch-Wichse heißt, möchte man gar nicht glauben. Noch weniger, dass *punheta de bacalhau* besser schmeckt, als sein vulgärer Name erahnen lässt. Und wenn wir schon bei flotten Sprüchen sind: *A vida é boa, com bacalhau é melhor*. »Das Leben ist gut, aber mit *baca-*

lhau ist es noch besser«, sagt Candido, als er mir seine Kochkunst serviert: *Bacalhau à Brás* nach Mama-Art.

Einige Legenden ranken sich darum, wie und wann die Liebesgeschichte zwischen *bacalhau* und Portugal zustande kam, ganz sicher lässt sie sich nicht rekonstruieren. Die religiöse Theorie besagt, dass der Stockfisch im Lauf des 16. Jahrhunderts die Küchen der Portugiesen erreichte, da die frommen Katholiken einen Fleischersatz suchten, um über die vierzig Tage dauernde Fastenzeit hinwegzukommen. Fischer sollen ihn aus dem Nordatlantik mitgebracht haben.

Noch älter ist jene Geschichte, die behauptet, Portugals Entdecker hätten auf ihren Reisen Stockfisch mitgeführt, da sich dieser salzgetrocknet ewig hält. Den Erfolg der Eroberer schieben *bacalhau*-Fanatiker daher ihrem *fiel amigo* zu, dem »treuen Freund«.

Woher diese Freundschaft auch rührt, *bacalhau* ist aus Portugal nicht wegzudenken. Allerdings verspeisen die Portugiesen ihren treuen Freund nur allzu gern. Lediglich Südkorea und Norwegen weisen einen höheren Fischkonsum auf als Portugal: rund 62 Kilogramm Meeresgetier isst ein Portugiese im Jahr. Tendenz steigend. Zum Vergleich: Der EU-Durchschnitt liegt bei 27 Kilogramm.

»*Bacalhau* ist Teil unseres Lebens, Teil unserer Kultur. Es gibt Dinge, die kommen nur in Portugal vor: *fado*, *saudade* und *bacalhau*. Man kann das nicht erklären.« Muss man auch nicht. Kein Zweifel: Candido liebt jeden Millimeter an dem Zauberfisch. Einzig den Löffel Lebertran, den er als Kind gegen Verkühlungen und Fieber einnehmen musste und der ebenfalls vom Kabeljau stammte, verabscheut er bis heute. Während wir zu Mittag essen, zählt der Koch eine Stunde lang durchgehend Gerichte und Rezepte mit *bacalhau* auf, als würde er seine Lebensbeichte ablegen. Gekocht, gegrillt, gebacken, konfiert, geschmort, entsalzen. Ein endloses Thema, zum Glück habe ich Zeit und sein köstliches Gericht vor mir. Mit Zwiebeln, Nudeln, Kartoffeln, Reis, Knoblauch, Karotten, Tomaten, Oliven, mit *nata*. Gerne möchte ich für einen Moment meine Augen schließen und in Ruhe genießen, aber Candido redet munter weiter wie ein Duracell-Hase, dem nicht und nicht der Saft ausgeht. *Bacalhau* als Eintopf, Suppe, Krokette, Salat, Aufstrich, als Dessert. Und ich bin mir sicher, er könnte noch mindestens eine weitere Stunde über nichts anderes sprechen, so sehr leuchten seine Augen dabei. Als wären sie verzaubert.

Saudade

Es war einmal eine Party im Gefängnis. Keine von Gefangenen, sondern von jungen Künstlern, die ein Megafest organisierten im leer stehenden Knast von Trafaria, einem Vorort Lissabons auf der Südseite der Brücke des 25. April. Mit Lichtinstallationen, Kunstausstellungen in den ehemaligen Zellen und verschiedenen Bühnen, auf denen DJs und Musiker einen Krieg der Dezibel führten: Dass sich Techno und Rumba vereinen lassen, war auch mir vorher nicht bewusst.

Ich bin einer von Hunderten Feiernden. Für das Wohl der Gäste ist gesorgt, sogar ein Shuttleservice zwischen Trafaria und Lissabon wird zur Verfügung gestellt. Woran die Organisatoren nicht ausreichend gedacht haben: Alkohol. Kurz vor Mitternacht geht das Bier aus, eine halbe Stunde später der Wein. Dabei soll die Party noch mindestens zwei Stunden dauern. Alternativ drehen ein paar Joints die Runde. »In einem nahe gelegenen Sozialheim soll es noch Bier geben«, flüstert die Barkeeperin. Kurz darauf bestellen meine Freunde und ich dort eine Kiste zum Mitnehmen. Die Mitarbeiter im Sozialheim nehmen es mit Humor. Zurück ins Gefängnis.

Um zwei Uhr morgens endet der Aufenthalt im Knast. Der Bus, der uns nach Hause fährt, wartet schon, heißt es.

Fünf nach zwei drängelt sich eine Menschentraube an der Station. Der Bus wartet tatsächlich schon, allerdings ohne Fahrer. Dieser trudelt um 2:20 Uhr ein. Kurz vor drei Uhr fährt er wirklich los. *Estamos em Portugal.*

Neben mir sitzt Magda aus Rumänien, ein Geschenk des Himmels. »Zum ersten Mal in Lissabon?«, fragt die hübsche Erasmus-Studentin. »Nein«, antworte ich. »Ich war vor siebzehn Jahren erstmals hier.« Magda blickt mich entsetzt an. Das Marihuana wirkt nun doppelt, ich spüre Paranoia in mir aufsteigen. »Wie alt warst du denn vor siebzehn Jahren?« Umgehend verwandelt sich meine Paranoia in Aversion. »Wie alt warst du denn vor siebzehn Jahren?«, frage ich zurück. »Da war ich beinahe fünf«, sagt sie.

Normalerweise habe ich kein Problem mit dem Alter, aber das schlägt ein wie eine Granate. »Und du?«, fragt Magda noch einmal voller Neugier. Ich zögere mit meiner Antwort. »Beinahe neunzehn«, murmle ich. Magda lächelt sanft, während der Bus über die Brücke Richtung Lissabon rollt. Unter uns der pechschwarze Tejo, vor uns ein Lichtermeer, die Hügel rauf, die Hügel runter. Der Anblick dieser reglosen Stadt beeindruckt, aber dafür bleibt keine Zeit, denn plötzlich passiert es: Erstmals meine ich, das Wort *saudade* zu verstehen. Gerade noch waren wir auf dem Südufer Lissabons und die Welt heil. Kaum haben wir die Brücke passiert, sind siebzehn Jahre vergangen – und ich sehne mich zurück in Zeit und Raum, verspüre Wehmut nach einer Vergangenheit, die schöner war als die Gegenwart.

Das ist es also, wovon die *lisboetas* sprechen, wenn sie das Wort *saudade* in den Mund nehmen. Ein Zauberwort, das mit »Sehnsucht« ungenau übersetzt ist. Im Kern trifft es dieses Verlangen natürlich, aber *saudade* ist viel mehr. Es ist eine Lebenseinstellung, ein Weltbild, ein sechster Sinn, der versucht, die Bandbreite an Trauer, Schmerz und Melancholie in ein einziges Wort zu fassen. *Saudade* ist das Gefühl, um die

Vergangenheit betrogen worden zu sein, der man nun nachtrauern darf. Ja, soll. Nein, muss! Denn in der Wehmut liegt die Kraft. Ein Zustand, der es einem nicht erlaubt, glücklich in der Gegenwart zu leben, da das Glück in der Nostalgie liegt. Natürlich kann dieser Gemütszustand nicht in einem Wort übersetzt werden.

Die restliche Heimfahrt schweigen Magda und ich uns an. Lissabon und ich, das ist wahrlich keine Liebesgeschichte, vielmehr eine hochdramatische Telenovela.

Erstmals besuchte ich Lissabon mit knapp neunzehn Jahren auf dem Buckel und meiner ersten großen Liebe an der Hand. Wir aßen fangfrischen Fisch und allerlei Meeresgetier aus dem Atlantik – und Äpfel aus der Gemeinde Esmolfe, die genauso gut schmeckten, wie sie aussahen. Wir bewunderten die Schuhputzer am Rossio, die Möwen in Belém und besuchten allerlei Sehenswürdigkeiten, ohne dabei stundenlang Schlange stehen zu müssen. All das in kurzärmeligen Shirts – Ende Dezember. Eigentlich paradiesisch. Die Beziehung hielt nicht, der Bezug zur Stadt des Lichts schon. Viele Jahre später lebte ich sogar hier – nun zusammen mit der ganz großen Liebe. Die allerdings in Lissabon zerbrach und mit ihr mein Herz für eine viel zu lange Zeit.

Da aller guten Dinge drei sind, tauchte Jahre später die dritte Liebe in Lissabon auf. Urplötzlich wie ein Orkan, den niemand kommen sah, ich am allerwenigsten. Eine Woche lang wirbelte sie durch mein Leben, stellte alles auf den Kopf, bevor sie, von welchem Teufel auch immer geritten, wieder verschwand – ohne uns eine echte Chance zu geben. Was sie jedoch hinterließ, war großes Chaos: meine Erwartungen zerrissen, mein Verstand geraubt, mein Herz verwüstet. Die Sehnsucht nach dem Nichtgreifbaren trat wieder ein, meine *saudade*. Erneut hatte sie mich in Lissabon erwischt, welch schmerzhaft schönes Schicksal! Dieses vertraute Gefühl der Zurückweisung, in dem sich Romantiker endlos lange suhlen können. Mittlerweile kannte ich den Zustand, von der Stadt verschluckt zu werden, so wie Lissabon einst zur Beute des Meeres geworden war.

Verbindet man Städte mit persönlichen Schicksalen, egal, ob erfreuliche oder herzzerreißende, kann das meist nur ins Auge gehen. Entweder verblendet oder verdammt es den jeweiligen Ort. Nach der Trennung von der großen Liebe hatte ich Lissabon verflucht und mir geschworen, diesen Flecken Erde nie wieder zu betreten. Aber wäre Sehnsucht eine Stadt, nur Lissabon käme für mich infrage. Sie trägt nicht ohne Grund den Beinamen »Hauptstadt der Melancholie«. Nirgendwo sonst gibt man sich diesem Seelenzustand mit so viel Leidenschaft hin wie hier. Dass ich sie nicht aufgegeben habe, liegt einzig daran, dass das bisschen verbliebene Vernunft mir flüsterte: Lissabon trägt keine Schuld an meinen verlorenen Lieben. Im Gegenteil: Diese Stadt ist phänomenal, sie ist nur genauso schwermütig und düster, wie ich es war. Wie besingt es Leonard Cohen doch in seinem Lied »Anthem« goldrichtig: *»There is a crack in everything, that's how the light gets in.«*

Lissabon verfügt wie jede andere Hauptstadt der Welt über wundervolle wie unschöne Facetten, aber sie hat zudem etwas, das mir bisher nirgendwo sonst aufgefallen ist: Lissabon ist ein Chamäleon, das sich an den Seelenzustand der Menschen anpasst. In jeder Stimmung zeigt sie ein anderes Gesicht – es ist nichts Greifbares, man kann es nur selbst erleben. Fühlen Sie sich beklemmt, verstärkt die Stadt Ihre innere Enge. Fühlen Sie sich frei, eröffnet sie Ihnen neue Horizonte. Begegnen Sie ihr mit Freude, beschenkt Sie Lissabon mit strahlend blauem Himmel, mit freundlichen Bewohnern, flotten Kellnern und ansteckender Gelassenheit. Dann glitzert Sonnenschein dank der *azulejos* bis in die dunkelsten Winkel der Stadt – und macht dem Namen »Stadt des Lichts« alle Ehre.

Sind Sie gereizt, überrollt Sie die Stadt wie eine Welle. Dann ziehen dunkle Wolken über Jesus auf, Sie warten in nicht enden wollenden Schlangen oder Staus, verzweifeln am Streik der Verkehrsmittel, an gesperrten Stränden, spüren die eckigen Kanten der Stadt, indem Sie ständig über das Kopfsteinpflaster stolpern oder ihrem Lärm nicht entrinnen. Dann dreht die *câmara municipal*, die Stadtgemeinde, unangekündigt das Wasser ab, oder die Verkäuferin im Supermarkt gibt vier Euro Wechselgeld in Fünfcentmünzen heraus.

Leiden Sie jedoch unter hartnäckigem Liebeskummer, zerrt Sie Lissabon in einen melancholischen Abgrund. Sie gehen so lange abwärts, bis die Straßen am Ufer des Tejo enden. Dort sinnieren Sie über die Sinnhaftigkeit des Lebens, suchen nach Antworten, um die Löcher im Selbstbewusstsein zu stopfen – und sind damit genauso erfolglos wie die Portugiesen, die spätestens seit der Diktatur eine unsichtbare Last auf ihren Schultern tragen. Dann fällt wochenlang schwerer Regen, verführt der Teufel in Form von spottbilligem Alkohol, dann kehrt der Fado seine tristen Klänge hervor, an denen Sie Lied für Lied ein Stückchen mehr zugrunde gehen und nur noch auf den Blackout warten. Dann verschmilzt die katastrophale Vergangenheit dieser Stadt mit Ihren eigenen Tiefschlägen und Demütigungen. Dann leben Sie den Sumpf der *saudade*.

Daher mein vielleicht wichtigster Ratschlag: Kommen Sie jederzeit nach Lissabon, bloß niemals mit gebrochenem Herzen oder unglücklich verliebt – und auch nicht, wenn Sie bereits unter zu großer *saudade* leiden. Es sei denn, es ruft Sie die Sehnsucht nach dieser Stadt, das Verlangen zurückzukehren, diese süße Melancholie. Wie sie auch mich immer wieder zu sich geholt hat.

Es gibt Zeiten, da fühle ich mich ganz wie ein *lisboeta*. Auch wenn mich neurotischen Mitteleuropäer manchmal der flexible Umgang mit Zeit und Effizienz vor Nervenproben stellt, Pedanz und Rechthaberei mich übermannen, mag ich es doch, genauso entspannt ans Leben heranzugehen wie die *lisboetas*, meinen Alltag nach dem Kulinarischen zu richten, das Nichtstun für Essenspausen zu unterbrechen. Auch ich liebe die Sonne, das Licht und die Leichtigkeit – und das Suhlen im Gefühlsmix der *saudade*, dieses unbeschwert schwere Leben, das die *lisboetas* meistern. Vielleicht habe ich einen portugiesischen Vorfahren, den ich nicht kenne. Eine hier lebende Freundin sagte einmal, ich solle doch endlich Frieden schließen mit dieser Stadt.

Pois é. Das habe ich.

Obrigado

Ohne die Hilfe der richtigen Hirne, Herzen und Hände wäre dieses Buch nicht zustande gekommen. An dieser Stelle sei ihnen mein aufrichtiger Dank ausgesprochen:

Bettina Feldweg, die meinem Kopf die Idee dieser Gebrauchsanweisung erst entlockte.

Mia Mecklenburg und Margret Trebbe-Plath für die enge Zusammenarbeit an dem Manuskript.

Christina Fleischmann, die mit viel Hingabe an meinen Sätzen feilte. Du bist das »F« in der FuZ!

Simone Schuller, Vera Lemos, Nora Heitmann, Thomas Bruckner und Christoph Flechl für die zahlreichen Inputs.

Manteigaria, die mir auch nach dem Zusperren um Mitternacht die besten *pastéis de nata* der Stadt verkaufte – wenn auch nicht preisreduziert, obwohl ich mir das nach dem Rühren der Werbetrommel eigentlich verdient hätte.

Und *irmão* Tiago Machado, der mir während meines Aufenthalts brüderlich zur Seite stand und mit seinen Yogastunden versuchte, ein Gleichgewicht zu den *pastéis de nata* herzustellen. Auch wenn er keine Schuld trägt, ist es ihm knapp nicht gelungen: 47:40. Dafür herrscht nun vermehrt innere Balance.

Muito obrigado a todos!

Für euch soll's rote Nelken regnen!

Literatur

Adrião, Vitor Manuel – Verborgenes Lissabon

De Camões, Luís Vaz – Die Lusiaden

De Queiroz, José Maria Eça – Das Verbrechen des Paters Amaro

De Queiroz, José Maria Eça – Die Maias. Episoden aus dem romantischen Leben

Fielding, Henry – Das Journal einer Reise nach Lissabon

Graham, Philip – The Moon, Come to Earth: Dispatches from Lisbon

Hatton, Barry – Queen of the Sea. A history of Lisbon

Le Tellier, Hervé – Neun Tage in Lissabon

Lobo Antunes, António – Die natürliche Ordnung der Dinge

Lobo Antunes, António – Die Vögel kommen zurück

Lobo Antunes, António – Ein Haus wie in Flammen

Lochery, Neill – Lisbon. War in the Shadows of the City of Light, 1939–1945

Mercier, Pascal – Nachtzug nach Lissabon

Muñoz Molina, Antonio – Schwindende Schatten

Nooteboom, Cees – Die folgende Geschichte

Page, Martin – The first global village

Pessoa, Fernando – Das Buch der Unruhe

Pessoa, Fernando – Mein Lissabon. Was der Reisende sehen sollte.

Remarque, Erich Maria – Die Nacht von Lissabon

Saramago, José – Claraboia oder Wo das Licht einfällt

Saramago, José – Das Todesjahr des Ricardo Reis

Saramago, José – Geschichte der Belagerung von Lissabon

Shrady, Nicholas – The Last Day. Wrath, Ruin, and Reason in the Great Lisbon Earthquake of 1755

Tabucchi, Antonio – Erklärt Pereira. Eine Zeugenaussage

Tabucchi, Antonio – Lissabonner Requiem. Eine Halluzination

Wilson, Robert – Tod in Lissabon

Zimler, Richard – The last Kabbalist of Lisbon

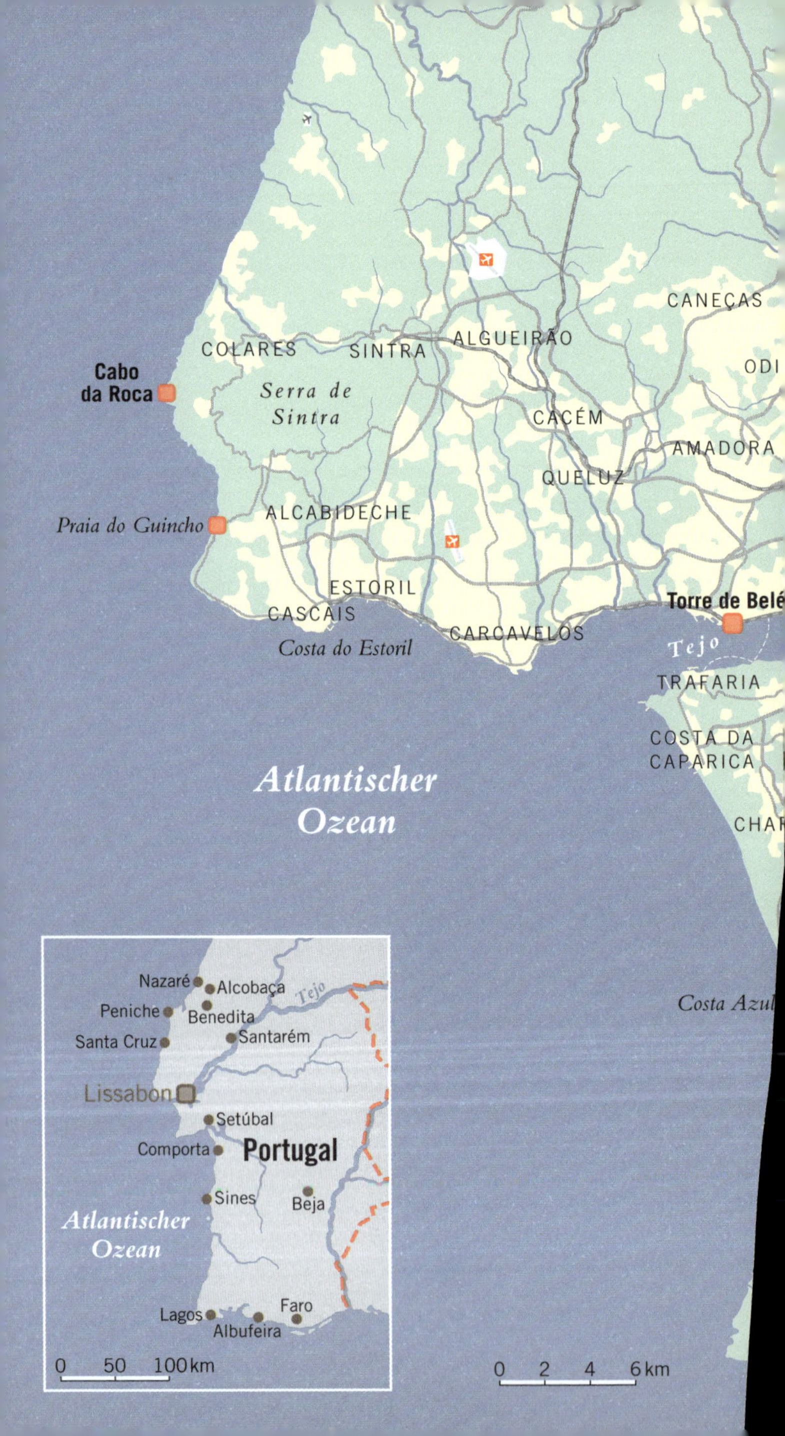

CANEÇAS
COLARES
SINTRA
ALGUEIRÃO
Cabo da Roca
Serra de Sintra
CACÉM
AMADORA
QUELUZ
Praia do Guincho
ALCABIDECHE
ESTORIL
CASCAIS
CARCAVELOS
Costa do Estoril
Tejo
TRAFARIA
COSTA DA CAPARICA
Atlantischer Ozean
Nazaré
Alcobaça
Tejo
Peniche
Benedita
Santa Cruz
Santarém
Lissabon
Setúbal
Comporta
Portugal
Sines
Beja
Atlantischer Ozean
Lagos
Faro
Albufeira
0 50 100 km
0 2 4 6 km